4つの気質と個性のしくみ

シュタイナーの人間観

ヘルムート・エラー
鳥山雅代 訳

TRansview

はじめの言葉

あなたのまわりには、きっといろんな性格の人がいるでしょう。とても気があう人もいれば、どうしてもうまくいかない人もいるはずです。人間関係でまったく悩まない人など、いないものです。では、どうしてそういうことが起きるのでしょうか。

私たち人間の性格は、四つの気質からできています。怒りっぽい「胆汁質《たんじゅうしつ》」、ほがらかな「多《た》血質《けっしつ》」、のんびりした「粘液質《ねんえきしつ》」、きまじめな「憂鬱質《ゆううつしつ》」といった特徴をもつ四つの気質が混じりあう割合が、人によってそれぞれちがうため、一人ひとりの性格が異なっているのです。

この本で気質を学ぶことによって、自分の本当の個性がよくわかるようになると同時に、苦手な相手とも、もっとわかりあえるようになれるでしょう。

私は、すでに四十年以上にわたって、気質という人間の見方と向きあってきました。最初に、なぜ私が気質の研究をこれほど長くつづけることになったのか、そのきっかけからお話ししましょう。

小さな子どもだったころ、私は父が大好きでした。いつもはおもしろくて楽しい父でしたが、時おりまったく別人になりました。ちょっとでも気にくわないことがあると、父はすぐにカッとなり、家族にあたりちらしました。私はそんな父のはげしい言葉におびえ、気持ちだけでなく体のぐあいまで悪くなったものです。

ところが、さんざん怒ったあと、父はまるでなにごともなかったかのように、平然とふるまうのです。そんな父のふるまいは、母や私の兄、私自身の生活に、強い不安を与えました。私たちは、いつもびくびくおびえて暮らしていたのです。

そんな日々を送っていた私の中に、ある時、次のような問いが生まれました。

「父は、なぜすぐカッとなるのだろう」

「怒っているときの父と、どうつきあえばいいのだろう」。

この問いが私の中でしだいに強まり、私を気質の研究にかりたてる原動力となっていきました。

今でも忘れられないできごとを紹介しましょう。第二次世界大戦が終わったころのことです。家族で食卓を囲んでいたとき、父がいきなり怒って、スープ皿を壁に投げつけ、外に出ていってしまったのです。父はそうやって出かけると、数時間後には落ち着いて、おだやかになって帰ってきます。それを知っていた私たちは、とくに父のことを心配する必要はありませんでした。

それより、壁に投げつけられたスープ皿のあとしまつが先決です。私は壁紙についたスープのしみを何とかしてふきとろうとしましたが、どうしても消せませんでした。当時は壁紙を替える余裕がなかったので、壁のしみは何年も残っていました。そのしみを見るたび、あの日のことを思い出したものです。

数年後、驚くべきことが起きました。父が、「壁のしみは、いったい誰がつけたのか」と、私たちにたずねたのです。私は天と地がひっくりかえりそうなほど驚きました。そして、ショックのあまり、「知らないよ」と答えてしまったのです。このときは、「そうか」と父が言っただけですみました。

父は、何もうそをついていたわけではありません。自分がしたことを、本当に覚えていなかったのです。あのとき、たとえ父に真実を話していても、怒らせるだけで何の役にも立たなかったでしょう。父のように胆汁質の傾向が強い人は、自分がカッとなって言ったことは、まったく覚えていないのです。だからこそ、まわりの人ともぶつかることになるのですが、くわしくは第7章でとりあげます。

気質を深く学ぶことによって、私には、さまざまなことがよく見えるようになりました。たとえば、父はまじめに働き、勉強ずきで、根気づよく、いつも一人でいることが好きでした。そんな彼の気質は、胆汁質の傾向が強いと同時に、いくらか憂鬱質もあわせもっていたといえます。

一方、母は粘液質の傾向が強く、とてもおだやかで心優しい人でした。何か気がかりなことがあっても、いつも「大丈夫よ」と優しい言葉をかけてくれ、家庭内に調和をもたらしてくれたのです。おかげで、私は楽しい子ども時代を送ることができました。

そして多血質の傾向が強い私自身はというと、子どものころはいつもほがらかで、たくさんの友だちと遊ぶのが大好きでした。宿題をできるだけ早く終わらせ、一刻も早く友だちと遊びたくてたまらなかったのです。だから、父のようにはなれないと、いつも感じていました。

今にして思うと、すでに子どものころ、私は四つの気質すべてを身近に体験していたことになります。私は、気質にとりくむために、両親を選んで生まれてきたように思っています。子ども時代のつらい体験や問いが、その後の人生を生きるうえでの原動力になっているなんて、すばらしいとは思いませんか。つらい体験のおかげで、今の私がいるのです。

この本を通じて、読者が四つの気質に興味をもち、自分の子どもや友だち、夫婦のあいだや職場の中で、実際に役立てていただけたら幸いです。人間同士が憎しみあい、さまざまな争いや紛争がたえないこの時代だからこそ、まず自分のまわりの人間から理解していくことが、何よりも大切なのです。

また私は、長年シュタイナー教育にたずさわってきた教育者でもあります。シュタイナーは、子どもの気質を重視する教育のあり方を、いちはやく提言しました。気質をもとに、一人ひとりの子どもの個性を見ぬき、教育に生かすというシュタイナーのこの考えを、私はクラス担任という仕事をとおして実践してきたのです。子どもの気質にあわせた教育がどのような効果をもたらすかについても、本書で具体的に紹介します。親や先生など、子どもの教育にかかわるすべての人にとって、かならず参考になることと思います。

今回、日本の読者のみなさんに、ドイツの読者より早く私の本を見ていただくことになりました。日本で本書を出版することは、私にとってとても大きな喜びです。

また、慎重かつていねいに私の原稿の推敲を助けてくださった、ハンブルクにいる親友ロルフ・シュペックナー氏に、感謝の気持ちを表します。彼はひじょうに厳しく適切な批評と、役に立つアイデアを提供してくれました。

翻訳者の鳥山雅代さんは、私のドイツ語の表現を、まるで私が日本語で話すようにやさしく訳してくれました。雅代さんは、長いあいだ私といっしょにゼミナールを積み重ねてきているので、私の考え方や話し方、表現したい内容を、手にとるようにわかってくれます。彼女という信頼できる翻訳者がいたからこそ、ドイツよりも先に、日本でこの本を出版することを決心したのです。この場を借りて、お礼を申し上げます。

最後に、日本の読者のために、嵐の絵の図版（33、34頁）をこころよく提供してくれたフライエスガイステスレーベン社のマティアス・マウラー氏に、感謝の気持ちをささげます。

この本が、できるだけ多くの読者の手に届くよう、心から願っています。

二〇〇五年夏

ヘルムート・エラー

4つの気質と個性のしくみ　シュタイナーの人間観＊目次

第6章　気質にあわせた教え方―シュタイナー教育のとりくみ2 133

第7章　人間関係で悩まないために　

装幀　渡辺和雄

4つの気質と個性のしくみ

シュタイナーの人間観

第１章　はじめて気質を知る人のために

気質とは何か――四つの気質の特徴

まず、四つの気質の特徴から見ていきましょう。それぞれの気質は、おとなより子どものほうがストレートに現われます。そのため、ここでは、より気質を見わけやすい子どもの例をとりあげることにします。

朝の教室を思い浮かべてください。まだ生徒はそろっていません。教室に来ている子どもたちは、昨日あったできごとなどを話しています。先生は、教室の入り口に立って、登校してくる子どもたちと握手をしながら、朝のあいさつをしています。シュタイナー学校では、毎朝、先生が教室の入り口で生徒を迎え入れるのです。

さて、これからいろいろな気質の子どもが登校してきます。みなさんは、それぞれの生徒がどのように先生に近づき、握手をし、先生を見つめ、あいさつし、自分の席についてランドセルをおろし、授業がはじまるのを待つか、それぞれの気質の特徴に注意しながら、いきいきと思い浮かべてください。

胆汁質

最初の子どもがやってきました。元気よく、早足で廊下をつきぬけます。彼の足音が聞こえない子どもは誰もいません。先生に向かって一直線にやってきます。あいさつはどうでしょう。先生の目を射るように見つめ、腕をまっすぐに伸ばすと、先生の手をしっかり握ります。とても積極的で、姿勢もよく、堂々とした態度です。

「おはようございます、エラー先生!」。

はっきり大きな声で、堂々とあいさつします。あいさつが終わったとたん、次のことで頭がいっぱいです。しっかりした足どりで、教室の中を歩いていきます。

「ぼくの席だ!」。

自分の席につくなり、ランドセルを引きちぎるように肩からおろします。お母さんが何度もぬってくれたのに、またバンドが切れました。

「まったく! お母さんは、ぬいものもできないんだから!」。

今日も、悪いのはお母さんです。ランドセルは、机の下にしまいました。

さあ、授業です。

「え、まだはじまらないの？　まだ待たないといけないなんて！　先生、もういやだ！　かんべんしてよ！　もうがまんできない！　明日は絶対、遅く来てやる！」。

胆汁質の子どもは、このような感じです。

胆汁質の子どもは、簡潔で単刀直入な表現が好きで、すべての文に感嘆符がついています。いったん目標を定めると、まっしぐらにそれに向かいます。自分が決めた目標には全力で立ち向かい、かならず最後までやりとげます。そして目標に到達したら、すぐに新しい目標を見つけます。力に満ちあふれ、積極的で、いつも自覚的で、決断力があります。強い意志の力がみなぎっているのです。

これが胆汁質のすばらしい特徴です。私たちの中にある積極的な部分は、胆汁質的な部分なのです。胆汁質の人の場合、ここにあげたような特徴が、ひじょうにはっきり現われているのです。では、胆汁質の気持ちになってみましょう。教室の自分の席に座るという目標を達成しました。授業がはじまるまで、のんびり待つことができるでしょうか。いいえ。絶対にできそうにありません。だから、「明日は絶対、遅く来てやる！」といった極端な反応をするのです。

粘液質

二人目の子どもが、落ち着いた足どりでやってきます。体を少し左右にゆらしながら、のんびり歩いてきます。まどろんでいるようなおだやかな表情で、先生がいることに気づかないことさえあります。

でも、今日は先生のほうを向きました。よかった。ちょうどいいタイミングで、先生が手をさしだしました。純真無垢な小さな手を、先生の手のひらにのせるだけの握手です。だって、握ったりしたら疲れてしまいます。もちのようにやわらかな手は、いつもリラックスしています。

のんびり顔をあげて、先生に向きあいます。まどろんでいた目を、先生の前でゆっくり見開きます。先生と、やっと目があいました。とろんとした目で先生を見つめています。そして、時間はそこで止まります。おだやかなほほえみを浮かべて、見つめるだけで時がすぎていきます（あいさつの言葉はありません）。まるでこの瞬間を、ぞんぶんに味わっているかのようです。

ほほえんだまま、目は教室の中に向けられ、そのまま自分の席に向かいます。さあ、自分の席につきました。ランドセルをどんなふうにおろすのでしょう。ちょっと肩をあげたら、ランドセルが自然に落ちました。今日は、床まで落ちてしまいました。

「残念だったな。昨日は、落ちる前に受けとめられたのに。今日はランドセルのほうが速いや」。

ランドセルは、机の横にかけます。かがんで机の下にしまうより、そのほうが楽です。すぐに授業がはじまらなくても平気です。待つのは大好き。待つことにかけては、クラスの誰にも負けません。

担任の先生がやってきました。

「元気ですか？」。

「はい。元気です」。

「学校は好きですか？」。

「大好きです」。

「楽しいから？」。

「はい。だって居心地がよくて、いつものんびりできるんです」（彼は、いつも自分の席に座っています）。


これが粘液質の子どもの特徴です。

どうですか。一人目の胆汁質の子とは正反対だと思われませんか。粘液質の子どもは、歩き方や手の握り方からまなざしまで、本当におだやかでおっとりしています。彼はいつもマイペースで、ほほえみを浮かべ、夢でも見ているような雰囲気です。先生にあいさつしているときでさえ、自分のペースをくずしません。他人の影響をまったく受けずに、自分の席につくことができます。

同じことをくりかえすのが大好きで、いつまでも一つのことに集中できます。根気づよく、落ち着きがあり、いつもおだやかで優しいのが、粘液質の子どもの長所です。人の悪口など言いません。相手にいやな思いもさせません。自分が気にいった状態のままでいることが大好きで、なるべくその状態を変えようとしません。粘液質の子どもは、胆汁質の子どもとはまったく逆の要素をもっているのです。

おとなは、誰でもこの気質をもっています。「のんびりしましょう」「ゆっくりしてね」といったやりとりをしたことのない人は、いないはずです。

多血質

次の子どもがやってきました。軽やかな春風のような足どりです。いつも友だちといっしょで、いちばん重要なできごとを話しています（彼には、昨日から今日までのあいだに体験したことが、話しきれないほどあるのです）。

「あっ、先生だ」。

今までしていた楽しい会話をいきなり中断し、急いで先生のほうに向かいます。でも、ぱっとふりかえって「今日から君が、ぼくの新しい大親友だからね！」と、友だちに言うのは忘れません。

それから、先生にあいさつします。切り替えの早いこと。さわやかに先生の手を握り（軽く触れるだけ）、きらきらした目で、先生の目をすばやく見ます。でも、視線はかたときも定まらず、いつもきょろきょろしています。あいさつするやいなや、目ざとく新しいものを発見します。

「先生、昨日、髪を切ったでしょう」。

「新しい靴ですね」。

次々に指摘するうちに（先生の手はとっくに離しています）、先生に話したかったことを山ほど思いだしました。

「先生、ママが先生によろしくって言っていました。それから、パパは元気になりました。とてもぐあいが悪くて、昨日までは死にそうだったの。ハムスターも死にそうだったけど、ぼくが一生懸命世話をしたから、また元気になったよ」。

言い終わるやいなや、さっさと自分の席に向かいます。でも、すぐに座るわけではありません。ランドセルをあけて、誕生日の招待状を配りはじめます。授業がはじまる前に、急いで配らないといけないからです。

誕生日まではまだ三カ月もあるのですが、とても待っていられません。

「先生が授業をはじめないうちに配ってしまおう」。

本当はクラスのみんなを招待したいのに、お母さんが半分で十分だと言いました。がっかりです。級友の中から半分を選ぶのは、彼にとってはとても大変なことなのです。

「君と君には、招待状をあげるよ。ああごめんね、君は招待できないんだ。またこの次にね。急がないと先生が授業をはじめそうだ。君にはあとであげるから、待っててね」。

多血質の子どもは、このようにふるまうでしょう。

多血質の特徴は、軽快で、ほがらかで、切り替えが早く、どんなときもすばやく行動できることです。あらゆるものに興味を示し、次々に手を出します。見たり聞いたりするすべてのものが気になります。あらゆるできごとに敏感で、すぐに興味をもちます。親友をつくるのだって朝飯前です。先生が何か新しいものを持っていたら、すぐに気づきます。先生に話したいことが多すぎて、話しきれないくらいです。

多血質の口調は、サイダーの泡がはじけるようにさわやかです。彼は、いつも新鮮な雰囲気をもたらします。多血質は、身のまわりのあらゆるものが大好きなのです。見るのも聞くのも大好きです。頭の後ろに目がないのが残念なくらいです。あふれるような好奇心は、彼自身も、クラスのみんなも豊かにします。クラスの中で、何にでも積極的にかかわっていきます。

心の中で体験することが、豊かな表情となって現われます。もちろん悩むこともありますが、いつまでもくよくよすることはありません。ほがらかで明るく、内側も外側もいつもいきいき動いていることが、多血質の子どものいちばんの長所です。

もちろん、誰もがこの気質をもっています。散歩やハイキング、電車に乗って窓の外を見ること、ウインドウショッピングをしたりデパートでほしいものを探すこと、新製品が発表されたら見に行ったりすることに、まったく興味がない人はいないでしょう。

憂鬱質

次の子どもはどうでしょうか。遠くから、教室の入り口の様子をじっと観察しながら、慎重な足どりで歩いてきます。いつも何か考えこんでいるのですが、それをまわりに気づかれないように気を配る、とても繊細な子どもです。教室にまだ近づいてもいないのに、もう立ち止まりました。担任の先生が、ハンスという多血質の子どもの相手をしていることに気づいたからです。それだけで、いろいろなことが次々に気になります。

――ハンスは、なんてたくさん先生とおしゃべりしているんだろう。先生は迷惑だろうな。あんなに長いこと先生を独占するなんて。あきれた。まだ終わらないよ。お母さんがよろしくだって。そんなこと、ぼくなら恥ずかしくてとても言えないよ。お父さんが病気だって。なんてかわいそうなんだろう。もしぼくのお父さんが病気だったらどうしよう。お父さんはきっと働けなくなってしまう。それにハムスターも病気だったなんて。もしぼくのモルモットが病気だったらどうしよう。ぼくだったら学校になんか来られないよ。家で世話をしないと。かわいそうに。きっとつらい思いをたくさんしたんだなあ。あ、終わったみたいだ。

彼は、注意ぶかく、慎重に、先生にあいさつします。意識してゆっくり手を動かし、本当に大切な宝物にふれるように先生の手を握り、何かを問いかけるような真剣なまなざしで先生の目を見つめます。

でも、自分の本当の気持ちは表に出しません。声は少し控えめで静かです。どこまでもまじめで誠実な態度で、自分からそっと先生の手を離します。そして自分の席に向かって教室を歩きながら、先生と握手した余韻を楽しむのです。

――よかった。先生は、またぼくを優しく見てくれた。ほっとしたな。今日は、誰からもわざとぶつかったりされないといいけど。このあいだは本当にいやな思いをしたから。

そんなことを考えながら、それでもいちばんの近道を通って、自分の席につきます。ランドセルは、机の下にしっかりしまいます。少しでも傷ついたりしないよう、きちんとしまいたいからです。

――あれ？　ハンス、まだうろうろしてる。あんなこと、ぼくだったら恥ずかしくてできないよ。でも、いったい何をしてるのかな。そうか。誕生日の招待状を配ってるんだ。なんてたくさんの子に配るんだろう。え？　なんでモーリッツを呼ぶのかな。ああ、コーネリアちゃんだったらわかるな。ぼくだって絶対招待する。ぼくは招待されるのかな。もし招待されなかったらどうしよう。そうしたら、ぼくだってハンスを招待しない。あ、こっちに来る。

「ありがとうハンス。ぼくの誕生日にもきっと来てね」。

――あ、ハンスはもう、ぼくの言うことなんか、ぜんぜん聞いてない。いけない。授業がはじまりそうだ。ハンスはそれまでにちゃんと自分の席につけるかな。もしつけなかったらどうなるんだろう。

憂鬱質の子どもは、このようにふるまうでしょう。

憂鬱質の子どものふるまいは、多血質の子どもと対称的です。慎重に、まじめに、注意ぶかく、身のまわりのできごとに対応します。落ち着いてじっくり観察し、対象についていつまでも考えつづけることができます。まわりの人とも慎重につきあいます。先生への朝のあいさつもていねいです。いつも同情的で、ハンスが話したペットに対しても、心から気の毒に思います。

考えること、感じること、夢を見ることといった、自分の内面をとても大事にします。なかでもいちばん重視するのは、外側も内側も落ち着いていることです。ですから、誰の邪魔もしたくなければ、誰にも邪魔されたくありません。いつもまわりを気にして、控えめに、慎重に行動しています。つねに自己コントロールを忘れず、自分に対して批判的です。また、まわりの人をいつも注意ぶかく観察し、他人の苦しみについて深く同情します。

憂鬱質の子どもの長所は、真剣に考え、同情できることです。自分が見たり聞いたりした中で、気になるものについては根気づよくそれにとりくみ、疑問をもち、哲学的な領域にふみこむことさえあります。

もちろん、この気質もみんなもっています。心配ごと、寂しさ、やるせなさ、悩みを、一つも感じない人はいないでしょう。憂鬱になったり、感傷的になったりしたことは、誰にでもあると思います。多血質的な傾向が強い人でさえ、この気質をもっているはずです。なぜなら、大好きな恋人や親友が自分から離れていき、それまでの関係が壊れてしまったつらい経験を、誰でも一度くらいは味わうでしょうから。

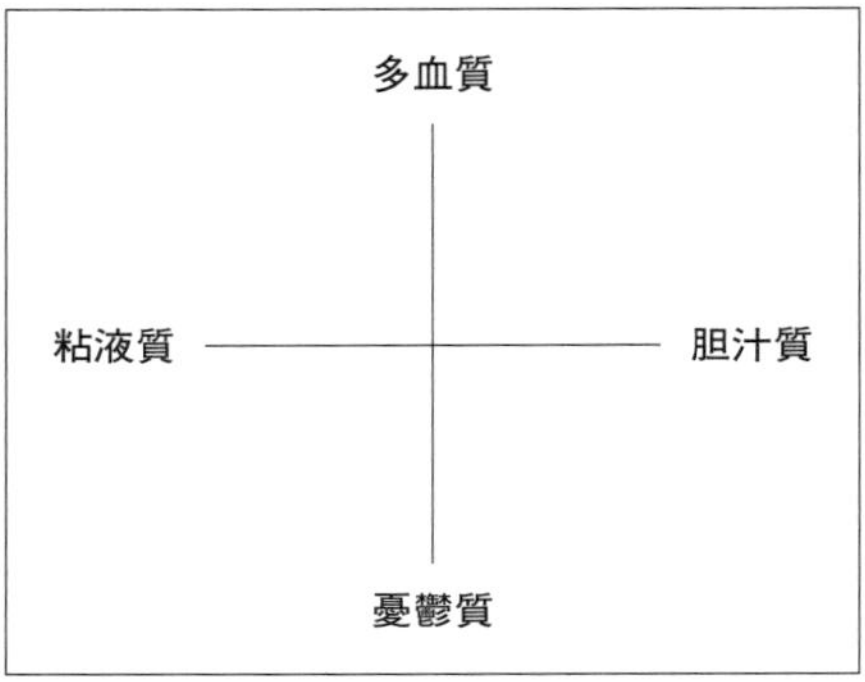

図1　四つの気質の関係

このように、胆汁質は粘液質と、多血質は憂鬱質と、それぞれ正反対の関係にあるのです。私は、気質について説明するとき、上のような図を使って、四つの気質の関係を表わしています（図1参照）。

ここで、みなさんに一つ注意していただきたいことがあります。「怒る＝胆汁質」と単純に考えないでほしいということです。誰だって、怒るときもあれば、ほがらかなとき、ゆっくり楽しんでいるとき、悲しいときがあるでしょう。どの人間も、四つの気質をあわせもっているからこそ、喜怒哀楽の感情がわくのです。

しかも、愉快で活発なのに短気な人や、のんびりしているのにいつも何か考えこんでいる人がいるように、一つだけでなく二つ、場合によっては三つの気質が強く表面に現われている場合もあります。「怒りっぽさ」一つとっても、人によってちがうように、同じ人間はこの世に二人といないのです。

行動に現われる気質

では、それぞれの気質の特徴について、よりくわしく見ていきましょう。
気質の研究者のなかには、気質を診断するチェックリストをつくり、その表を参照して気質を見わける人もいます。ところがそのような方法では、先入観がさきばしって、相手に対してまるで見当はずれの誤解を生む危険性が大きくなってしまいがちです。では、どうすれば相手の気質をうまく見わけられるようになれるのでしょう。

朝の教室の例から、四つの気質にはそれぞれいくつかのきわだった特徴があることがおわかりいただけたことと思います。まず、この例のように、日ごろごくふつうに経験するさまざまな状況を想定してみましょう。次に、自分がその気質だったらどうふるまうか、その場の状況を思い浮かべながら、その瞬間ごとに、胆汁質、粘液質、多血質、憂鬱質になりきってみましょう。そうすることによって、四つの気質を深く知ることができるようになるのです。この練習は、私たちを想像力豊かな人間にしていきます。

たとえば、先生の例を見てみましょう。先生は、夜、自宅で次の日の授業の準備をします。そんなときに、さまざまな場面を想定し、気質ごとに子どものふるまいがどうちがうか、それぞれの気質になりきってイメージする練習をするのです。この練習をつづけるうちに、教室の入り口での子どものふるまいを見ただけで、その子どもの状態がはっきりわかるようになるでしょう。

これは何も先生にかぎったことではありません。気質を見ぬく力を養うことによって、家族、友だち、職場の同僚といった、日常的に接する機会が多い相手のふるまいが、今よりずっとよくわかるようになるはずです。

ただし、四つの気質になりきるときに気をつけないといけないのは、自分がよく知っている人をモデルにしないということです。実在の人物を思い浮かべると、その人がいかにもしそうなふるまいしかイメージしにくくなってしまいます。大事なのは、その状況に自分が入りこむことなのです。

四つの気質を見わけられるようになるには、何度もくりかえし練習することが重要です。そのさい、誠心誠意、肯定的な目で相手の気質を観察するよう心がけてください。あらさがしをするような観察のしかたでは、本当にその人の気質を知ることはできません。また、自分の頭の中で「この気質ならこうするはずだ」と、勝手にきめつけてはいけません。

あくまでも日々の生活の中で、相手の気質を注意深く観察しましょう。そうすることによって、気質によるふるまいのちがいを、より具体的に想像できるようになるでしょう。では、気質のちがいがとてもよくわかる二つの例を見てみましょう。

帰宅時の子どものふるまい

帰宅するときでさえ、気質によって子どものふるまいはまったくちがいます。玄関の扉の前までどんなふうに帰ってくるか、チャイムを鳴らすか、お母さんが電話などですぐに出られないときはどんなふうに待っているかなど、その様子はまさに十人十色《じゅうにんといろ》です。

胆汁質の子どもはどうでしょう。自信に満ちた足どりで、まっすぐ玄関の前に帰ってきます。はっきり聞こえるように、親指で力強くチャイムを押します。念のため、もう一度。どうしたことでしょう。ドアがあきません。

「お母さんがドアをあけてくれない！」。

嵐のように、たてつづけにチャイムを鳴らします。それでもドアはあきません。

「お母さんはきっと電話中だ。いつも長電話でいやになるな。ほかにすることはないのかな」。

しばらくして、ドアがあきました。

「やっとあけてくれた！」。

軽やかにスキップしながら、ときには歌ったり、口笛をふいたりしながら、多血質の子どもが玄関まで帰ってきます。

ひとさし指の先で、ピンピピピンのピンポーン。

「こうすれば、お母さんはぼくが帰ってきたことがすぐにわかるし、喜ぶんだ」。

どうしたのでしょう。今日はドアがすぐにあきません。

「あれ、お母さん、どうしたのかな。あ、電話してる声が聞こえる。じゃあ、庭に花壇でも見に行こう。あ、あそこにチョウがいる。こっちにはミツバチだ」。

しばらくして、ドアがあきました。

「お母さん、見て。ここだよ。ほら、すごくきれいなチョウがいるよ。あっちにも……」。

決してあせらずいつもマイペース、道草が大好きで、帰ってくるのがほかの子より少しだけ遅くなる粘液質の子どもが、ようやく玄関の前まで帰ってきました。チャイムを鳴らすのは一回だけ。すぐにドアがあかなくても気にしません。

「お母さん、電話してるみたい……まあいいか……そのうち出てくるだろう……話が終わったら……なかなか終わらないこともあるけど……でも平気……石の上に腰かけて……よっこらしょっと……待っていよう……のんびりと……ドアをあけてくれるまで……」。

何か考えこみながら、慎重な足どりでだれか帰ってきます。どうやら今日一日のできごとを思い出しているようです。そうです。憂鬱質の子どもです。

「今朝、クラスの男の子がほかの子どもを殴ったことを、お母さんに絶対に言おう」。

「お母さん、家にいるかな」。

胆汁質

多血質

図2　ハリゲン諸島の嵐の絵

憂鬱質

粘液質

お母さんを驚かさないよう、ベルをそっと鳴らします。ところが、ドアがあきません。「あれ、どうしてお母さんは出てこないんだろう。具合でも悪いのかな。それとも、何かあったのかな。どうしよう。そういえばこのあいだ、おばあさんの家を訪ねようとした子どもが、何度チャイムを鳴らしてもおばあさんが出てこないから、ずっと鳴らしつづけていたら、隣のおばさんがやってきて、おばあさんが救急車で病院に運ばれたのを教えてくれたって聞いたけど、もしもお母さんもそうだったらどうしよう。あれ、お母さんの声が聞こえる。よかった。電話をしているだけなのか。じゃあ、邪魔しちゃいけない。お母さんは、昨日、ぼくのことを繊細だって言ってくれた。ぼくは、いつまでも繊細な人でいたいな」。

気質による絵のちがい

子どもの気質は、絵を描かせてみると、とてもよくわかります。これから紹介する絵は、「ハリゲン諸島の嵐の海」です。シュタイナー学校の五年生の子どもたちが、地理の授業中に蜜蠟《みつろう》クレヨンで描きました（図2参照）。

子どもたちは、授業で次のような説明を受けました。

「ハリゲン諸島の島は、平らな小島の上に、土が丘のように盛りあがっています。嵐になると大波が丘の上の家にまで押し寄せ、人間も家畜も危険にさらされます。そんなときは、みんな二階に避難します。一階はうねるような高波に襲われることがあるのです。しかし、家屋の柱はかなり深く地面に打ちこんであるため、家屋そのものが高波にさらわれることはありません」。

では、子どもたちはどのような絵を描いたのでしょうか。さっそく子どもたちの様子を見ていきましょう。

最初の絵は、女の子が描きました。彼女になったつもりで、絵の描き方を見ていきましょう。まず、背景から描きはじめます。人の手によって造られた丘。その名は「ヴァルフト」。「がんじょうそうに、しっかり描かないと。あ、大きくなりすぎちゃった。これだと家が入らないよ。描き直し！」。

紙をうらがえします。もう一度「ヴァルフト」を、クレヨンを力強く紙に押しつけながら描きます。濃くあざやかな緑です。満足しました。

さて、がんじょうな家を、その上に描きます。まずはレンガと柱からです。

「あっ、窓を忘れちゃった」。

レンガの上に描きます。

「ドアも忘れた。でも、大丈夫。描かなくてもいいの。後ろにあることにしよう」。

まるで土をかぶせているように、たくさんのわらが積まれた屋根です。次は波。いろいろな方向に打ち寄せています。家をわしづかみにしている波まであります。そして濃い青の空。

「あっ、雲が足りない」。

濃い青の上に、黒で描きます。

「稲妻はどこに描こうかな」。

濃い青の上に、黄色でジグザグに描きます。

「ちょっと待って。青の上に黄色を塗ると、緑になってしまう。緑の稲妻なんてありえない」。

もう一度、赤でジグザグに塗りつぶします。

さて、次は自分の名前です。紙をうらがえしました。最初に描いた丘の上に、紙からはみだしそうなほど大きく書きます。この子は、まちがいなく胆汁質です。

多血質の子どもの絵から発見できるものは、たくさんあります。多血質の少年は、いろんなことを思いつくままに描いていきます。ほがらかで、新鮮で、はじけるような彼の気質になりきってみましょう。

彼はまず、緑色のクレヨンで丘を描きはじめました。その上に、黄色と茶色を塗りかさねてしまいました。でも、ちゃんと白いところを残しています。雨水をためておくところが必要だからです。この設備は、フェディングといいます。

「そうだ、家畜たちの飲料水も考えないと」。

家畜が水を飲むためのしかけを描きます。こっちは彼の発明です。

丘のまわりには、小川が流れています。左側には堤防に囲まれた土地が描かれています。消えてしまいそうな小さな家が、その上に描かれています。この家は傾いています。どうしてかというと、描いているうちに紙がななめになってしまったのです。

「平気、平気」。

彼はまったく気にしません。でも、この左側の部分が干拓地（Koog）だと先生にわかってもらえるかどうか、自分でも心配になってきました。

「そうだ。絵の中に名前を書いておこう」。

Koogと、絵に書きこみました。

さて、次に家を建てます。太い柱は少なく、細い柱がたくさん立っています。頼りない細い屋根に、レンガは線を細く入れただけ。なのに、窓枠はとてもがんじょうです。なぜなら、外が見えないとおもしろくないからです。カラフルな玄関のドア。そして、新鮮な空気がよく通るよう、巨大な煙突もつけました。それから、とても淡く、いまにも消えそうな色で、家の前にベンチと階段を描きました。

次は、波の登場です。二色の青が使われています。平らな波、丸い波、うずまく波、はじける波、とぐろを巻く波と、じつにいろいろな波が描かれています。右端には、ボールのような波まで見えています。家に向かって転がるように近づく波。丘の上に打ち寄せるうずのような波（どう見ても、怖そうには見えません）。

「あ、そうだ、右側にもう一つ島を描けば、いつも一人ぼっちじゃないよね。じゃあ、いつも遊びに来られるようにしてあげよう」。

右の手前に、丸太を組んだ繋船ぐいを描きました。これで、誰か遊びに来ても、船をそこにつなぎとめておくことができます。

「背景はどうしようかな」。

もちろん、大好きな船を走らせます。嵐の中でも、カラフルな帆をしっかり張っています。左の船には丸い船窓をつけました。こうすれば、船室にいても外がよく見えます。稲妻を忘れてはいけません。そのうちの二つは、右側の船に落とします！

「これはおもしろいな」。

中央にまだ余白があります。

「じゃあ、今度は、稲妻を真横に走らせよう」。

その下には、甲板に入っていく波を描きます。水平線の上は、明るくきれいな色で薄く塗りました。これで明るく平和な雰囲気になりました。ゆかいな「嵐の海」のできあがりです。

では、憂鬱質の子どもはどんな絵を描くのでしょうか。

「最初は、ぼくの大好きな青と深緑を使うんだ。下から上に向かって、きちんと順番に描いていこう」。

最初の波は、とてもきちょうめんに左下隅の角から描きはじめます。角ばった波です。三角形のように見えます。その横にもう一つ波。その右上にも、左上にも。全部、同じような波です。「こんなふうに角をとがらせて描けば、きっとはげしく打ち寄せる波に見えるだろう」。

実際は、波というより山のように見えることに、彼は気づいていません。憂鬱質の子どもは、四元素のなかの「地」と関係しています。これはすべてを硬化させる結晶力のある要素です。それがこの絵にも反映されているのです。くわしくは第9章でとりあげます。

「やっとぼくの家が描けるよ。ぼくが住みたい家を描こう。だれにも邪魔されないところがいいな。パパとママと妹とぼく、四人いっしょに住める家。島をできるだけ高くすれば、荒れ狂う波にも流されないから安全だ。大きくて、長くて、しっかりした木の家にしよう。木の柱と窓は、しっかり描かないと。嵐に流されないようにね。煙突は三つ。暖炉がたくさんあれば、どの部屋もあたたかいからね(彼は、いつも冷たい手をしています)。

なんだかすごく落ち着いた風景になっちゃった。じゃあ、うずを巻いている恐ろしい波を右側に描こう(まるで巻き毛のようです)。でもぼくの家には届かない。ぼくの家族と動物たちが住んでいるから、危険だもの、離れたところに描こう。さて、空はできるだけ薄く灰色に、夜の嵐の海にちょっとだけ太陽が輝いてもいいだろう」。

次の絵は、いつもおだやかな粘液質の子どもが描きました。どんな雰囲気か見てみましょう。これを描いた生徒とは、卒業後、再会する機会にめぐまれました。うれしいことに、今でも親しくしています。彼にこの絵を見せたとき、彼は驚くほど当時のことをよく覚えていました。

のんびりした気持ちで、画用紙の左側から描きはじめたそうです。

「最初は小さな島……緑の島と赤い家。白い窓は明るく見えるから塗らない。それがいちばんいい。そしてその横にも島……だんだん大きくなってくる。その右に、緑の島。赤い家……一つひとつ順番に……。一列描けた。並んだ、並んだ」。

小さな家から大きな家まで、みんなおだやかに建っています。とてもじょうずな配色です。

「次は、その下に波を描こう。おだやかな波、丸みを帯びた波、もう一つ波……。その横にも波、波、波、波……。一列目、終わり。次の列。波、また波。次の波、波、波、波、一列が終わったら次の列へ。全部まんべんなく、波で埋めていこう。いちばん下まで……全部、波、波、波。島の後ろにも海を描こう。夕日が沈む。水面には、夕日が映ってる。夕焼けの海。終わった。そうだ。紙の裏にタイトルを書こう。あれ、なんだっけ？　あ、思い出した」。

彼は、得意そうに「嵐の海」と書き、その下に自分の名前も添えました。

第2章　気質の長所と短所

気質の発見

この章では、気質とはいったいどういうものか、くわしく見ていきます。私たち人間は、自分の気質を克服することができるのでしょうか。それとも、気質に支配され、あやつられてしまうのでしょうか。そもそもこの気質という人間の見方は、ギリシャ時代に見出されたものです。さっそく、これからみなさんを古代ギリシャにお連れしましょう。

名前の由来――ヒポクラテスの教え

古代ギリシャに、ヒポクラテスという医師がいました（紀元前四六〇年ごろ）。彼は、医師の職業倫理を述べた「ヒポクラテスの誓い」という誓文《せいもん》でよく知られています。彼こそ、気質がちがえば患者に現われる症状もちがうことを発見した最初の人です。

ヒポクラテスは、「人間の中には、四つの異なった液体の流れがある」ことに気づき、それぞれの液体が、体の特別な部分と関係していることを見出しました。そして、次に紹介するエンペドクレスの四元素と、それらを結びつけたのです。

さっそく、ヒポクラテスの教えを見ていきましょう。

胆汁質は、体の中の胆汁と深い関係があります。胆汁は体内にある黄色の液体です。短気な人が激怒している最中、顔がだんだん青白くなり、黄緑がかった顔色に変わっていることがあるでしょう。このとき顔にあがってきた黄色の液体が胆汁です。そういう状態の人を見かけたら、すぐにその部屋から避難しましょう。危険です。

憂鬱質（メランコリー　ギリシャ語 MELAN＝黒、CHOLE＝胆汁）とは、胆汁がどろどろと重くなり、動かなくなり、しまいには黒くなってしまうという意味です。胆汁は人間に動きをもたらす液体です。胆汁が流れにくい憂鬱質の人は、いつも必要以上に考えてばかりで、なかなか行動に移せません。

多血質（サンゴイス　SANGUIS＝血）は、私たちの体を流れる血液と関係しています。酸素をたっぷり含んだ新鮮な血液は、大動脈の中を通って、大きな血液循環をつくりあげていきます。おのおのの動脈は、細動脈から毛細血管にこまかく枝分かれし、体の末端までめぐっていきます。くまなくすみずみまでいきわたる血液は、あらゆるものに興味がある多血質そのもののようです。

粘液質は、ギリシャ語では PHLEGMA（フレグマー）と呼ばれ、ねっとりした液体という意味です。このねっとりした液体は、体内を流れるほとんどすべての液体をさしますが、とくにリンパ液がこれにあたります。いつも私たちのからだの中をゆっくり循環し、ホルモンをつくりながら健康を維持してくれます。ゆっくりおだやかに流れつづける粘液の要素をたっぷりもっている人は、いつもおだやかでおっとりしていることがよくわかるでしょう。

以上のようにヒポクラテスは、四つの気質と、私たちの体内に流れる四種類の液体を関連づけました。内分泌腺の分泌物であるホルモンが、血液によって全身に送られ、体の発育やバランスを維持するように、四種類の液体は体内をめぐりながら混じりあいます。その過程で、それぞれの気質の要素がつくりだされていきます。混じることによって、人間の気質が生まれるのです。

ヒポクラテスは、気質をテンパラメント（TEMPERAMENT）と名づけています。テンパラメントは「混合」という意味です。つまり気質とは、「四つの液体がそれぞれ混じりあって生まれたもの」という意味なのです。

四つの元素と気質――エンペドクレスの四元素

ギリシャでは、ヒポクラテスが活躍した三〇年前に、高名な医師であり哲学者でもあったエンペドクレス（紀元前四九〇〜四三〇）が、四元素論を唱えました。ヒポクラテスは、この四元素論に注目したのです。

四つの元素とは、火、空気（風）、水、地です。古代ギリシャ人にとって、四元素はこの世界を形成する力をさしています。たとえば彼らにとっての「水」は、流れるものすべてを意味します。そのため、海や湖、大河や小川をはじめ、雨や朝露をさす場合もあります。同様に、水銀も「水」に含まれます。

ヒポクラテスは、このような四つの元素の存在を、気質と結びつけたのです。それぞれの気質の名前の由来となった四つの体液よりも、この「四元素」の観点から見ていくほうが、気質がよりわかりやすくなるでしょう。

○火の要素——胆汁質

火、炎、熱と、もっとも つながりが深い気質はどれでしょう。ろうそくの炎、赤々と燃えている木炭、暖炉の炎、油田の火災、山火事など、いろいろな「火」を思い浮かべてください。火山の噴火では、すべてを破壊する灼熱のマグマが流れ出ます。

あなたは、どの気質が思い浮かびますか。しょっちゅう雷を落とし、燃える炎のようにいきおいよく行動し、最悪の場合は火山を爆発させてまわりの人たちにあたりちらすのは、いったいどの気質でしょう。もうおわかりですね。それは「胆汁質」です。

「頭にきた」とか「頭を冷やしてこい」という表現があります。胆汁質の人は、人から何か気にくわないことを言われると、すぐにカッとなってまわりに怒りをまきちらす、火山のような人です。しかも、いったん火がつくと、いっきに燃えあがります。胆汁質の人が怒りだしたら、誰にも止めることはできません。

「空気」の要素はどうでしょうか。私たちのまわりは、空気でいっぱいです。空気は、高原をわたるすがすがしいそよ風にもなれば、吹き荒れる寒い北風にもなります。木々をなぎたおす嵐にもなれば、台風やハリケーンとなってすべてのものを破壊することもあります。

いっぽう、空気はすべてのものとものののあいだに存在し、私たちとすべてのものをつなぎます。空気がなければ声は伝わりません。空気があるから呼吸することができ、生命を維持できるのです。

○空気（風）の要素——多血質

また、風はひとところにとどまらず、来たと思ったとたん、去っていってしまいます。そういう気質が思いあたりますか。さわやかな晴天の日に吹く風のように、いつもほがらかな雰囲気でみんなを陽気にさせてくれるのは、いったい誰でしょう。それは、多血質です。

多血質は空気質ともいわれます。人なつこく、誰にでも愛嬌をふりまき、じっとしていることが苦手で、好奇心が強く、あちこち動きまわって、かたときも一箇所にとどまろうとしません。その場をひどく混乱させて、すぐにどこかに行ってしまいます。パーティや宴会の席をもりあげるのがじょうずなお調子者は、どこにでもいることでしょう。

○水の要素——粘液質

次は「水」に注目しましょう。静かな湖を思い浮かべてください。鏡のようになめらかな湖面に、木々や山々が美しく映っています。あ、魚が跳ねました。湖面の近くを飛んでいた虫を捕まえ、小さな水音をたてて水の中に消えました。おだやかなさざなみが揺れています。くりかえし岸辺に寄せては返すうちに、いつしか鏡のように、動きがまったくない湖面に戻っています。

水の要素の中でとくにめだつのは、草の上できらきら光る朝露のような、しずくのかたちをつくることです。飛行機に乗って空の上から地上を見ると、川の流れはかならずくねくねと蛇行していきます。地質の柔らかい部分を、水が丸くけずりとりながら流れていくため、そんなかたちになるのです。ここでも水は、丸いかたちをつくることがわかります。

また、渚に打ち寄せてはくだけちる波のように、水は上昇し、下降する特徴ももっています。水蒸気となった水は、空中に舞いあがり、上空で冷やされて雲になり、豊穣をもたらす雨として大地に降りそそぎます。北極の水は凍りつき、百メートル以上の高さの氷山をつくります。アルプスにも、長いあいだ凍ったまま、解けない氷河が存在します。このような特徴から、水は空気と、次に紹介する固い大地の、中間の性質をもっているといえるでしょう。

水にふさわしい気質はもうおわかりでしょう。いつもおだやかで静かな粘液質です。平穏な状態を好み、湖岸に寄せては返す波のように、いつまでも同じ状態でいたがります。大好きなことは毎日くりかえしてもあきません。その体型は、丸いかたちをつくる水の特徴を反映するように、下に向かって丸みをおびた涙型《なみだがた》が多いようです。

○地の要素――憂鬱質

最後に「地」の要素を見ていきましょう。「地」といわれたとき、自然界でまっさきに思い浮かぶのは、大地のイメージでしょう。なだらかに連なる丘、広々とした平野、高い山脈、赤道付近の灼熱の砂漠や、北極圏の氷の大地など、大地にはさまざまな姿があります。では、憂鬱質の気質にふさわしい「地」の要素は何でしょう。

ここは深い森の中です。かなたに雄大な雪山をのぞみ、目の前には大きい岩のかたまりがごろごろ転がっています。地球上でいちばん古く、何万年もの時を経た「花崗岩」です。花崗岩は、長い年月を経て水にけずられ、角が丸くなっている岩石です。硬さ、重さ、静寂、持続のイメージをもっています。花崗岩の上に立つと、安定感のあるじょうぶな岩を感じることができます。

では、ここで正反対の湿地帯を思い浮かべてみてください。水気が多く、ぬかるんだ足元からは、安定感など少しも感じることはできません。立っているだけで不安な気がしてきませんか。

次に、地下の洞窟に目を向けてみましょう。真っ暗な洞窟に入るのが怖い人もいるかもしれません。底しれない深さです。でも、勇気を出して入っていくと、きっと「地」の神秘性を感じることができるでしょう。驚くべきことに、この暗闇の中で、色あざやかな鉱物や澄みきった結晶などの、美しい色彩やかたちが生まれるのです。

憂鬱質の人は、自分のからだを硬く重く感じることが多いものです。実際はやせていても、そう感じるのです。深く感じ、深く考えることについては、この気質がいちばん向いています。よく考え、石橋をたたいて渡るように行動するからこそ、安心して仕事を任せられるのです。いつもきちょうめんで、整理整頓を心がけています。しかも、約束したことはかならず守ります。

また、憂鬱質の相手に、何か不愉快なことを言おうものなら、彼らは決して忘れません。いやなことをされたときも、いつまでも覚えています。復讐しようと思いこみやすいのも、憂鬱質の特徴です。

いっぽう、山奥の洞窟に閉じこもるように、自分の殻に閉じこもるのが大好きで、誰とも話さず、たった一人で自分の人生のつらいできごとについて思い悩んでいます。傷つけられたりだまされたりした場合、「何でいつも自分ばかりが」といつまでも悩み、苦しみつづけるのが憂鬱質です。

混じりあう気質

第1章で、四つの気質は、正反対の特徴をもつ二組の気質からできていることを学びました。また、私たちが四つの気質をあわせもっていることも学びました。全部の気質をもっているということは、それぞれの気質が混じりあっているということでもあります。

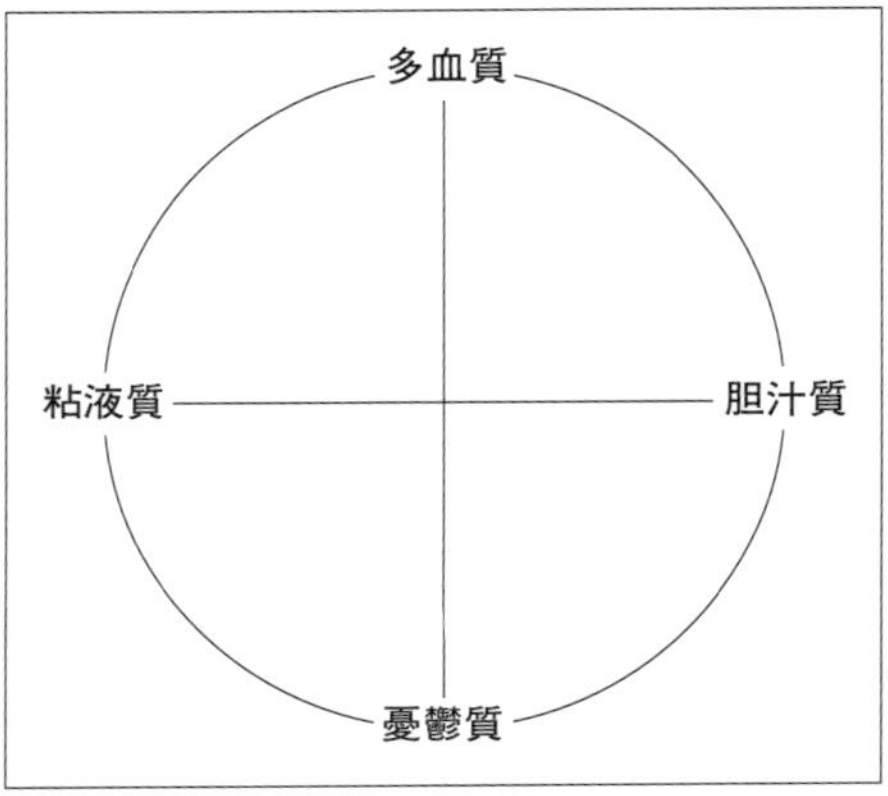

図3　混じりあう気質

上の図をご覧下さい（図3）。この図では、四つの気質は円のようにつながっています。混じりあうのは、隣りあわせになる気質です。

たとえば、多血質の右下には胆汁質、左下には粘液質があります。隣りどうしが混じりやすいということは、ほがらかでのんびりしている人は、多血質に粘液質が混じり、ほがらかで好奇心旺盛で行動力もある人は、多血質に胆汁質が混じっているといえます。接触のない憂鬱質と多血質、粘液質と胆汁質は、それぞれ混じりにくいといえるでしょう。

あなたの目の前に、多血質と胆汁質の混合気質の子どもがいると想像してみてください。彼はとてもすばしこく、ほがらかな雰囲気の子です。また、何に対しても興味をもつ能力と、目標に向かって行動するたくましさをかねそなえています。

多血質と粘液質の混合気質の子どもはどうでしょう。彼は、長いあいだ真剣にものごとに集中したり、深く考えたりする能力には欠けています。しかし、興味があることについては、いつまでもそれを続けたがります。いったんしゃべり出したら止まらない人なつこさと、おだやかさが一つになったタイプです。

粘液質と憂鬱質が混じった子どもはどうでしょう。いつもはおだやかでのんびりしていますが、いったん何かを考え出すといつまでも考えつづけたがる子が、かならずいるはずです。何かを頼むと、しっかりそれを最後までやりとげることができ、人あたりもいい頼れる存在です。

憂鬱質に胆汁質が混じった混合気質の子どもは、怒りを爆発させず、内側にためこんでしまう傾向があるでしょう。そのため、いつかかならず仕返しをしようと思いこみがちです。そうなると、どれだけ謝っても許してくれないということもあるでしょう。しかし、行動力と深く考える能力をかねそなえているので、リーダー的な存在になる可能性もあります。

では、多血質と憂鬱質との関係はどうでしょうか。多血質と胆汁質、多血質と粘液質の場合と同じような関係にあるのでしょうか。この二つの気質は、基本的には混じりません。ところが、実際に両方もっている子どももいるのです。そんなときでも、この二つの気質は同時に現われることはありません。かならず時間差があって現われます。

たとえば、宴会などで人を笑わせることが大好きな人は、一人きりになると落ちこみやすい傾向があります。陽気なピエロが、出番が終わった舞台裏で悲しそうにしている様子を見ると、それがよくわかるでしょう。人を笑わせるような仕事の人は、プライベートではけっこう鬱的な人が多いのです。

このように、多血質と憂鬱質の傾向を両方もっているタイプの人は、二つの気質が混じりあうのではなく、時間をずらして現われるのです。

同じように、胆汁質と粘液質をかねそなえている人もいますが、やはり同時には現われません。ナポレオンが、このような気質だったといわれています。彼は、胆汁質特有の爆発的な攻撃性をもっていたにもかかわらず、戦《いくさ》の最中に、短時間とはいえ、熟睡することがあったといわれています。つまり、短い時間であっても、のんびりした粘液質的になったということです。

このように、胆汁質と粘液質という正反対の気質でさえも、あわせもつことができるといえます。しかしこの場合も、かならず時間差があって現われることに注意してください。

あなたは社長か、哲学者か——ゲーテとシラーの気質のサイクル表

ドイツ最大の二人の詩人、ヨハン・ヴォルフガング・フォン・ゲーテ（一七四九～一八三二年）とフリードリッヒ・シラー（一七五九～一八〇五年）は、とても仲のよい友だちでした。ある日、彼らは愉快なとりくみをしました。四つの気質と、それらの気質が混じった混合気質の特徴を話しあい、それぞれの気質にぴったりの十二の職業を見つけ出したのです。では、彼らの楽しいとりくみを紹介しましょう。

次の図は「気質のサイクル表」と呼ばれています（図4参照）。ゲーテとシラーが、なぜこのような名前をつけたのか、それぞれ見ていきましょう。

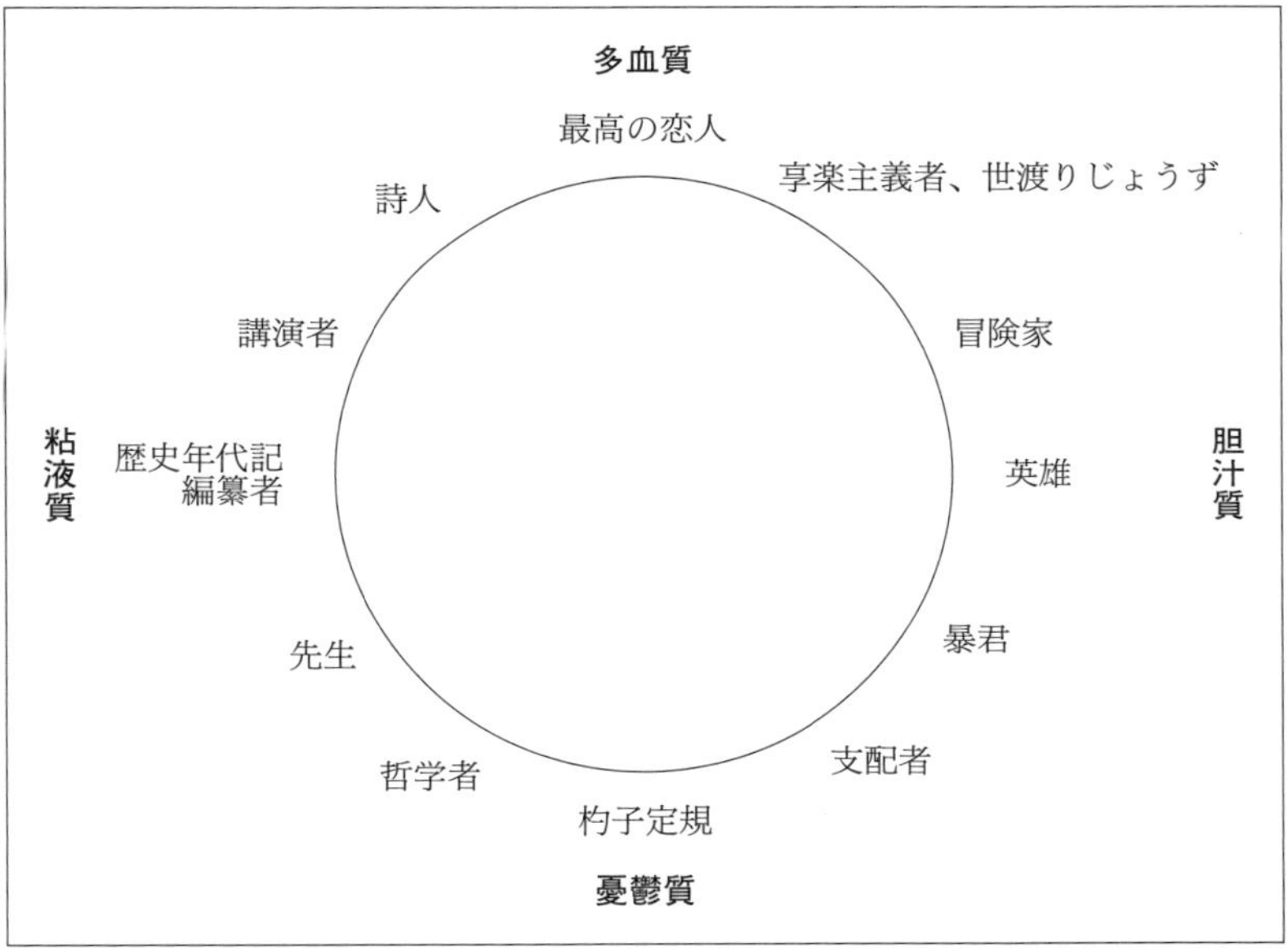

図4　気質のサイクル表

胆汁質は、たしかに「英雄」的要素をもっています。目標に向かって努力し、行動力がある胆汁質の性質にぴったりです。

胆汁質に多血質的な要素が加わると、「冒険家」になります。まっすぐ目標に向かいますが、多血質的な要素をもっていると、途中で不意のできごとに遭遇しても臨機応変に対応し、楽しみながら先に進むことができるからです。

多血質の人は、まわりに対してつねに開放的です。好奇心が強く、人間が大好きで、えり好みはしません。人間を好きになれる能力をもった、愛嬌いっぱいの「最高の恋人」です。誰でも好きになり、誰からも好かれる気質です。

では、多血質に少しだけ胆汁質的な要素が加わったらどうなるでしょう。「目標に向かう」対象が人生を楽しむことなら、おいしい店を見つけるのがじょうずなグルメなどの「享楽主義者」になります。楽しめるものが大好きで、人生を謳歌し、どんな危機や困難もたくみにかわし、楽しい一生を送る、人生の「世渡りじょうず」といえるでしょう。

ゲーテとシラーにとって、粘液質はとても理想的な「歴史年代記編纂者」でした。過去のできごとについて客観的に調べるときには、どきどきわくわくするような体験はまずないでしょう。誰にも邪魔されず、落ち着いてとりくむことができ、そのうえ他人と話す必要がありません。

粘液質が「講演者」になるのは、多血質的な要素がほんの少し混じったときです。ゆったり流れる水のような粘液質的要素に、多血質特有の風のような空気の要素が加わると、水は波うち、音をたてて流れていくでしょう。

私の教え子の中にも、粘液質と多血質の混合気質の生徒がいました。彼はいつもとうとうと水が流れるように、隣りの席の子どもに話しかけつづけたものです。話をやめさせるのが本当に大変でした。

ある日、「話は終わりましたか」と、その生徒に尋ねました。

「はい、先生」。

返事はします。ところが、まだ話しています。

「話は終わりましたか」。

もう一度、聞きました。彼はうなずきます。それでも話すのをやめません。「さっき話は終わったと言ったのに、どうしてやめないの」。彼に聞いてみました。すると彼は、落ち着きはらってこう答えたのです。「まだ話したいことがあったからです」。

表現することが大好きで、口がうまく、想像力豊かな多血質が「詩人」になるのは、彼の風の要素が、流れる水の要素と一つになり、風と波がいっしょにリズムをかなでたときです。そうです。風（多血質）に、少しだけ水（粘液質）の要素が加わったとき、流れるリズムをもった詩や歌が生まれるのです。

ゲーテとシラーは、憂鬱質のことを「杓子定規《しゃくしじょうぎ》」と呼んでいます。この言葉は、今日のドイツではあまりよい意味では使われません。きゅうくつで、きちょうめんすぎる、ゆうずうのきかないタイプのことをさしています。しかし、ゲーテとシラーのいう杓子定規とは「整理整頓が大好き」「どんなことも、とても正確にうけとる」という意味です。この二つは、ある意味でよい特徴です。さらに、憂鬱質は、「誠実さ」「堅実さ」「他人を深く思いやることができる」といった能力をそなえています。

この憂鬱質に、胆汁質的な傾向である「目標につきすすむ」「行動力がある」などの要素が少しだけ加わると、指導的な能力が生まれます。ゲーテとシラーは、それを「支配者」「統治者」と名づけました。現代でいう「社長」です。みんなに気に入られるよう、まわりにあわせてばかりいる八方美人の多血質は、社長タイプではありません。なお、ゲーテとシラーによると、胆汁質に憂鬱質が少しだけ混じると、「暴君」「圧制者」になる可能性があるということです。そのようなタイプと実際にかかわったことのある人には、よくわかることでしょう。

憂鬱質に、水のように流れる粘液質的な要素が少しだけ混じると、いろいろな考えがわきでてきます。ある内容から次の内容へと、論理的に思考をつなげることができます。川の流れのように、思考がとぎれることはありません。いつもこういう状態なのはだれでしょう。そうです。「哲学者」です。また、いつもおだやかで落ち着いている粘液質に、いつも深く考えられる憂鬱質が少しだけ混じると「先生」になります。

この「気質のサイクル表」を見ると、ゲーテとシラーが気質をよく理解していたことがわかります。この表は、みなさんが混合気質を理解するときに、とても役立つことでしょう。

気質が病的にかたよるとき

気質を考えるとき、とくに注意すべきことのなかに、「小さな危険性」と「大きな危険性」という見方があります。

ある人とその気質を、馬と馬に乗っている騎士になぞらえてみましょう。この場合、騎士が人間で、馬がその人の気質にあたります。騎士が馬の手綱《たづな》をしっかり握って、思いどおりに走らせることができれば、その人は自分の気質をコントロールできているといえます。いっぽう、馬が好き勝手に走りまわり、騎士が手綱さえ持てずにおろおろしている場合、その人は自分の気質にふりまわされている状態にあるといえるでしょう。

気質にふりまわされる状態があまり長くつづくと、「小さな危険」が「大きな危険」に発展してしまう恐れがあるのです。具体的にはどういうことか、気質ごとに見ていきましょう。

胆汁質の暴力

すぐにカッとなる胆汁質の人の怒りが、本格的に爆発するまでのプロセスを想像してみましょう。

朝、彼が出勤しようとしたときのことです。

玄関で靴をはいていたら、いきなり電話が鳴りだしました。

「何だ、この忙しいときに！」。

彼は自分の目標である「会社に向かうこと」を妨害されたため、怒っています。

「こんな忙しい時間に電話をかけてくるなんて、いったい何を考えているんだ！」。

さっそくいらいらしてきました。頭に血がのぼりはじめ、首から顔にかけてだんだん赤くなっていきます。それでも、何とか気を落ち着けて受話器をとり、いまは時間がないと、ぶっきらぼうに相手に伝えます。あとからかけなおすからと電話番号を聞き、ボールペンをとろうとします。

ところが、そのボールペンがどこにも見あたりません！　耳まで赤くなってきました。怒りがわきあがってきた証拠です。このわきあがるはげしい怒りにまかせて、罵詈雑言《ばりぞうごん》をはきすてます。

おかげで、少しすっきりしました。

「こんなところにあったのか！」。

やっとボールペンが見つかりました。

ところが、その瞬間、いきなり火山が爆発しました！

「インクがない！」。

怒りは最高潮に達します。インクの切れたボールペンを両手でまっぷたつに折り、床にたたきつけてしまいました。

「この役立たず！」。

何も知らずにやってきた奥さんに最悪の言葉を浴びせ、どなりつけながら、会社のかばんを手にとると、玄関のドアが壊れそうなほど乱暴に閉めて、出ていってしまいました。

胆汁質の怒りの爆発は、火山の爆発とよく似ています。火山の爆発は、誰にも止められません。同じように、激怒して爆発している最中の胆汁質に向かって、「やめろよ」と止めることは、誰にもできないのです。

しかし、火山はひとたび爆発すれば静かになるように、胆汁質の人も、爆発したあとはしだいに落ち着きをとりもどします。胆汁質の人は、自分が爆発したその日のうちは、後悔することが多いのです。そして、直接あたりちらしてしまった相手に謝りたいと強く思います。しかし次の日になると、自分が前日にどんなことをし、何を言ったか、忘れてしまいがちです。なぜなら、激怒した瞬間、彼は理性を失っているからです。

この例は、日常的な人間関係の中で、私たちがそれぞれの気質によるちがいを深く理解することがどれほど大切か、わかりやすく教えてくれます。彼のように「極端な胆汁質」の人は、あらゆる人間関係において、問題を引きおこす危険性がいちばん大きいのです。それをみなさんに知っていただくために、とくにこの気質をとりあげました。

ここで学んだことを日常生活の中で生かし、さまざまな気質の相手とつきあうことができる能力をぜひ磨いてください。

胆汁質の小さな危険性は「短気」「かんしゃくもち」で、大きな危険性は「暴力性」です。ドイツには「あいつの胆汁があふれてきた」という言い方があります。個人的な怒りを爆発させるようなことは、誰にだってあるでしょう。怒ったからといって、「あの人は胆汁質だ」と簡単に決めつけることはできません。怒りの爆発があまりにもひんぱんに起きるようになってはじめて、「短気」という言葉を使うことができるのです。

粘液質の無気力

粘液質には、とてもわかりやすい危険性があります。のんびり、おだやかに、ゆったりくつろぐことは、誰でも経験したことがあるでしょう。でも、いつまでもただのんびりしていると、そのうちまわりのことに何にも興味をもてなくなってしまいませんか。

粘液質の小さな危険性は、まわりのことなどおかまいなしの「無関心」です。この無関心がひどくなると、大きな危険性である「無気力」におちいります。ところが、おいしいものを食べたいという興味だけは、不思議になくならないのです。しかも、危険性がふえるにしたがって、食べる量もふえてしまう傾向があります。その結果、太りすぎてしまい、今度はその体型のせいで、「無気力」「無関心」という危険性がよりふえていきます。深刻な悪循環です。

このタイプの人たちのカウンセリングをしている心理カウンセラーに、話を聞いてみました。すると、たとえこの症状に苦しんでいても、興味をもてる何らかの対象がある人は、それを手がかりに治していく道が開けるとのことでした。

しかし、いちばんの問題は、何に対してもまるで興味をもてない人もいることです。そうなると、ほとんど治療ができない状態になってしまうそうで、カウンセリングを何度も重ねて、どんな小さな興味でも見つける努力をするということでした。

驚くべきことに、それでも興味が見つからない場合があります。そうなると、患者に残された唯一の興味は、「食べること」だけになってしまいます。その結果、信じられないくらい大量に食べつづけずにはいられない「過食症」におちいってしまう人もいるそうです。

もうおわかりでしょう。粘液質の人の場合、注意しなければならない小さな危険性は「無関心」、大きな危険性は「無気力」です。

多血質の精神錯乱

次は、多血質です。ひとところにとどまらない空気や風の要素が、いろいろなところに彼の興味を連れていきます。仲間といるときは人なつこく、愛嬌があり、お調子者で、いつも冗談を言っています。そんな彼が、もしもどこまでも軽薄になっていったら、いったいどうなるのでしょう。

この気質が極端になると、何にでも関心をもち、すぐに新しいものに飛びつくものの、三日ぼうずで、しかけたことを最後までやりとげず、ほうりだしてしまうようになります。まったく落ち着きがなく、いつもそわそわして移り気になります。できることならきれいなチョウになって、花から花へと飛んでまわり、おいしい花の蜜だけ、次から次へとなめたいくらいです。

この気質がかたよりすぎると、極端にせわしなくなって、とんでもないアイデアを思いついたり、とっぴな行動をはじめたりする危険性がふえます。そんなとき、その人のことを本当に理解し、心から支え、現実感をとりもどせるよう、親身になって手助けしてくれる人がそばにいない場合、心のよりどころを失い、日常生活を送れなくなってしまいます。

そんな多血質の人の小さな危険は「落ち着きのなさ」、大きな危険は「精神錯乱」です。

憂鬱質の鬱病

では、憂鬱質の人はどうでしょう。多血質とは対照的に、いつも内側へ向かい、つねに何かを深く考えています。同時に、自分のことにばかり固執する面もあります。人から何かいやなことを言われたりされたりしたら、いつも自分が犠牲者になったような気がして、一人で傷ついてしまいます。

すべてを否定的にとらえがちで、悲観的になりやすい傾向をもっています。何をしてもまわりから責められるような気がして、すぐに自分の殻に閉じこもってしまいます。目に入るものはつらい苦しみばかりです。結果的に、いつまでも悩み苦しむことになってしまいます。このような心の状態がずっと続くと「鬱病」になります。

憂鬱質の人の小さな危険性は「意気消沈」、大きな危険性は「鬱病」です。

それぞれの気質を見たとき、これがよい気質であれが悪い気質だというようなことはいえないことが、おわかりいただけましたか。それぞれの気質の長所を知ると同時に、その気質が極端にかたよりすぎた場合にどのような問題が起きるかを、よく知っておくことが大切です。

四つの気質について整理してみると、気質の混合のしかただけでなく、気質のコントロールのしかたも、人によって異なっていることがわかります。だからこそ、気質は奥が深く、とてもおもしろいものなのです。

第3章　ちがう気質になってみる——体験から気質を学ぶ

ちがう気質になりきる意味

第2章でお話ししたように、気質のチェックリストに沿っていくら観察しても、相手の本当の気質を見ぬくことはできません。この章では、体験することによって、気質をできるだけ深く理解していきましょう。手がかりとなるのは、ヒポクラテスの次のような言葉です。

同じものが同じものに作用する。
同じもので同じものを治す。

たとえば、多血質という気質について本当に理解したければ、自分自身で多血質の人になりきってみることがいちばん重要なのです。この章では、みなさんに「なりきる」ことを試してもらいます。実際に、多血質になりきってみましょう。みなさんのなかには、たやすく多血質になれる人と、いますぐこの本を閉じてしまいたいほど、それが苦手な人がいるでしょう。それでも、次のような練習をつづけるうちに、きっとうまくできるようになります。

まず、私たちをとりまく空気になってみましょう。窓の外では、木々が風に揺れています。優しいそよ風がふいているようです。窓をあければ、さわやかな空気が入ってきます。空気には重さはありません。いつも軽く、ただよっています。どうでしょう。空気のイメージがつかめましたか。ここまでできれば、あとは簡単です。

その軽やかな空気とともに、いろいろな場所に広がっていくのです。あらゆるすきまに入りこみ、どこへでも通りぬけられます。何か見つけても、いちいち手にとったりしないで、優しくふれたりなでたりするだけです。ふれたと思ったらすぐに離れ、別のところへ向かいます。いつもしなやかで柔軟で、すばしこいのです。

上昇したかと思えば下降し、広がり、飛びちり、また集まって、ダイナミックに動いていきます。空気がダイナミックに動くと、風が起きます。風は、無理じいされたり閉じこめられたりすることをとてもきらい、かならずぬけ道を知っています。すべてのものに興味をもち、いろいろなものの中に入っていきます。人と人が会話できるように、空気中に声を伝わらせてあげます。しかし、まるでつかみどころがなく、人の帽子を飛ばして遊んでいることさえあります。

「軽やかな空気」を感じることができたら、多血質という気質の本質に近づいているといえるでしょう。

無風の状態から嵐まで、さまざまに変化する空気になってみましたね。同じように、積極的にある気質の人が置かれた状況を想定し、みずからその中に入っていくことによって、その気質そのものを深く知ることができるようになるのです。

子どもの気質を見きわめる

シュタイナーは、はじめてできたシュタイナー学校の先生を指導したときから、気質についてかなりくわしくとりあげています。教育者にとって、気質にとりくむことが必要不可欠だと考えていたからです。

シュタイナーは、どうすれば生徒の気質を知ることができるか、興味ぶかい二つの問いを黒板に書きました。

すばやく反応する気質

一つ目の問いは、「あるできごとが起きたとき、とくにすばやく反応する気質は何か」というものです。それはいったいどの気質でしょう。

私の体験を紹介しましょう。ある年、新一年生を受け持つことになりました。教室は一階にあります。教室の窓はとても大きく、垣根や木々がよく見えます。授業中、窓の外で、赤茶色の大きなリスが、垣根から木の枝にいきなりとびうつりました。子どもたちは大喜びです。

リスが見たくて、窓にとびついた子どももいました。彼はどの気質でしょうか。そうです。何にでも興味をもつ多血質です。

もちろん胆汁質の子どもも、「何だ、何だ」と言いながら、まっさきに自分が見ようとします。

憂鬱質の子どもは、授業の内容に集中して考えこんでいたので、まわりでほかの子どもたちがさわぎはじめてから、やっと起きていることに気づきました。それでも、彼はきちんと席に座っています。先生が「授業中は、立ちあがってうろうろしてはいけません」と言っていたことを、よく覚えていたからです。

粘液質の子どもは、いつまでもぼんやりしていて、なかなか気づきません。たとえ気づいても、わざわざ立ちあがって見に行ったりはしないでしょう。リスに対してそこまでするだけの興味をもっていないからです。なぜなら、リスはこれまでにも見たことがあるからです。

何でも自分に吸収できる気質

二つ目の問いは、「さまざまなできごとを、自分のものとして吸収できるのはどの気質か」というものでした。

この問いには、二つの気質があてはまります。それは、胆汁質と憂鬱質です。

まず、胆汁質は、自分の決めた目標を、かならず最後まで自力でやりとげようとします。決断力と行動力においては、胆汁質の右に出るものはいません。しかも胆汁質には体力があり、力もちの人が多いのです。

いっぽうの憂鬱質はどうでしょう。ものごとを自分の中に深くとりいれ、しっかり自分のものにできる能力をもっています。しかも集中力にたけ、根気づよく、献身的にものごとに没頭することができます。

では、多血質はどうでしょうか。多血質は目新しいものが大好きなのに、根気がなく、何をやっても三日ぼうずで終わってしまいます。いったいなぜでしょうか。それは、持続力、忍耐力、根気がきわめて少ないからです。そういった内側の力づよさに欠けるため、いつも途中ですぐにあきて、ほうりだしてしまうのです。

粘液質はどうでしょう。まわりのできごとにはほとんど反応せず、内側の力づよさもありません。いつものんびりここちよい状態でいるのが大好きで、その状態を変えたいとは思いません。

子どもの気質を見きわめるポイント

シュタイナーが黒板に書いた二つの問いは、子どもの気質を見きわめる手がかりになる、重要なポイントだったのです。「すぐに何かに反応するか」「自分のものにできるか」という二点に焦点をあてて子どもを見ていくと、その子どもの気質を見きわめる手がかりが、かならず見つかります。

たとえば、いつもまわりが気になって、何にでも興味はもつものの、授業でくりかえしの練習になるとあきてしまって、なかなか覚えない子がいるとします。二つのポイントから、その子には多血質的な要素が多いことがわかります。

いっぽう、何に対してもすぐには反応しないものの、一回聞いたお話は最後まで完全に覚えている子どもがいたら、憂鬱質的要素を豊富にもっているといえます。

最初はわかりにくくても、長い時間をかけて子どもを観察するうちに、少しずつわかるようになるはずです。そうすれば、子どもの気質をはっきり見きわめることができるようになります。

おとなの気質を見きわめる

ここまでは、気質を学ぶうえで欠かせない基本的な要素について紹介しました。次に、日常生活のさまざまな場面での、おとなの気質の現われ方を見てみましょう。同じできごと一つとっても、その反応は気質によって驚くほどちがいます。

エレベーターの故障

さまざまな気質の人が、エレベーターに乗ってきました。もし、エレベーターがいきなり止まってしまったら、気質によってどんな反応をするか想像してみましょう。

まっさきに、胆汁質が怒り出します。このあと予定が入っているからです。彼にはいつも目標があるのです。

「このエレベーターはできそこないだ！　まったく動かないじゃないか！　何とかしないと！」。

すぐに、赤い非常ベルを鳴らします。

「エレベーターが止まったぞ！　非常事態だ！」。

スピーカーに向かって大声でどなります。ところが、スピーカーからはまったく応答がありません。故障しているようです。怒りで爆発寸前です。彼はおとなしく待てるでしょうか。いいえ、それは絶対に無理です。

ドアをがんがんたたき、「みんないっしょにやるんだ！」と叫び、あたりかまわずどなりちらします。それでも、どういうわけか、いっこうに動く気配はありません。心中おだやかなはずがありません。

――なんでほかのやつらは、こんなときに受け身の状態でいられるんだ。信じられない。いったいどうなっているんだ。こういうやつらがいるから、社会が腐ってしまうんだ。見ろ。きっとまた、おれが全部一人でしきるはめになるにちがいない。

いくら待っても動きません。

――もうがまんできない！

彼は、爆発寸前です。

その時です。やっとエレベーターが動き出しました。

「あっ、動き出したぞ。やれやれ。スピーカーは故障してなかったんだな。よく考えれば当然だ。じゃあ、また！」。

粘液質の反応はまったく違います。心の中でニヤニヤ笑っています。

――これで会社につくのが遅くなるな……まあ、たいしたことはないだろう。いずれにしろ、ぼくの責任じゃない。

「みなさん、落ち着いてください。待ちましょう。じきに誰か助けに来ますよ」。

まわりの人にそう声をかけてから、おもむろにかばんをあけ、さっき買ったばかりのサンドイッチをとりだします。

――おかげで間食の時間ができた。よかった。ここには仕事をしろとうるさく言う人もいないし……なんていいところなんだろう……。できたら、ゆっくり腰をおろしたいな。

驚いたことに、彼はすっかりくつろいでいます。胆汁質がみんなのために一生懸命になっている姿をのんびり眺めながら、内心こう思っています。

――うるさいやつだな。せっかちで、いつもうるさい部長みたいだ……なんだ、もう動き出したのか。まだサンドイッチが残っているのに、残念だな。

「それではみなさん、ごきげんよう」。


エレベーターのドアが閉まりかけたとき、多血質が飛びこんできました。きらきら輝く人なつこい目でまわりを見まわし、みんなにあいさつします。まるで仲のいい友人と会っているようなしたしげな態度です。もう一度みんなを見まわすと、いちばんおしゃれな人をほめて、その隣りも、そのまた隣りの人もほめます。

エレベーターが止まりました。

「あれ、エレベーターが止まったぞ。やった。おかげで堂々と仕事をさぼれる」。

ひとりごとをつぶやいて、隣りにいた人に話しかけます。

「お急ぎですか。私？　大丈夫です。失礼ですが、自己紹介してもいいですか。私はシュルツェです。このビルの四階で働いています。あなたはどなたですか。こうして知りあいになれてよかった。不幸中の幸いとはこのことですね」。

どなっている胆汁質にも話しかけます。

「あなたはすごいですね。感心しますよ。私たちのためにそんなにがんばってくれるなんて。見上げた人だ。でも、そんなに怒らないほうがいいですよ。怒ってばかりいると、変な顔になりますから。あ、これは自分のことを言っているんですけどね」。

そして、いったんまわりを見まわして、愛嬌をふりまきます。

「それにしても、今日はいい天気ですね。こんな日は、会社の机なんかに座ってないで、レジャーに行きたいですね。私は、これでもウインドサーフィンが趣味なんです。あなたのご趣味は何ですか。本当ですか。いまどき一つも趣味がないなんて。私は趣味が多くて、ほかにも……」。

夢中になって話しこんでいるうちに、エレベーターが動き出しました。

「あ、エレベーターが動き出しましたね。早く直ってよかった。いやいや、お知りあいになれて光栄です。もしよければ、今夜、いっしょに飲みに行きませんか。じゃあ、お元気で。今度お会いしたときにでも、携帯の番号をお知らせします。どうぞ奥様によろしく」。

うつむいて何か考えこんでいるような様子で、憂鬱質の人がエレベーターに乗ってきました。こんなに狭いところにすしづめになって、もし事故にでもまきこまれたら大変だ、と出口のすぐそばに不安そうに立っています。いろいろなことを考えながら、注意ぶかく、こっそりほかの人たちを観察します。

多血質の人が、したしげにあいさつに来ました。いやいやながら応じます。心の中では、見ず知らずの相手に対してあんなにしたしげにふるまうなんてぶしつけだ、初対面の人たちじゃないか、いくら人なつこいにしても、慎重とはいえないよ、顔も知らないのに、いきなり知りあいになるなんて、と思っています。

突然、エレベーターが止まってしまいました。

「エレベーターが故障した？　まさか、そんなことが起きるなんて」。

彼にとっては、大変な衝撃です。悲観的なことばかり、次々頭に浮かびます。

――なんでいつもぼくばかり、こんなひどい目に遭うんだ。つらい思いばかりして生きてきたのに。運命は、そうまでしてぼくを苦しめたいのか。ひどすぎる。まるで地獄にいるみたいだ。どうしよう。そういえば、けさ起きたとき、こんな目に遭うような、いやな予感がした。あの予感をまじめに受け止めておけば、こんなことにはならなかったはずなのに。いまさら言っても仕方がないけど……。

彼はそんなことを思ういっぽうで、胆汁質を観察しています。

――大声でどなってくれてありがたいな。ふだんなら、繊細なぼくにはたえられない騒音だけど、ほかに助かる道はなさそうだ。だからって、いつもあんなふうならたまらないな。えっ、ぼくたちもいっしょにどなれって？　そんなことをしても意味がないよ。それより、部長にどう説明すればいいんだろう。ぼくがどこにいるか、心配しているかもしれない。だって、ぼくはふだんは時間厳守だから。

いろいろ心配しているうちに、エレベーターが動き出しました。

――ああ、やっと動き出した。よかった。これで助かった。

彼は、胆汁質の人に向かって、ていねいにお礼を言いました。

「ぼくたちが助かったのは、みんなあなたのおかげです。あなたは命の恩人です。このご恩は一生忘れません。どうぞお元気で。お体にはくれぐれもお気をつけください。心から感謝しています。さようなら」。

不意の来客

エレベーターの故障といった特殊な状況でなくても、ふだんの生活のさまざまな場面でも、気質の特徴がはっきり現われることがあります。典型的な例を紹介しましょう。

主婦のエリカさんが、午後はガーデニングをするつもりで、庭に出ようとしていました。そのとき、突然、玄関のチャイムが鳴りました。ドアをあけると、親友のエリザベートが立っています。

「エリカ、久しぶり。元気だった。すぐ近くまで来たから、驚かそうと思って寄ってみたの。ご主人やご家族の話が聞きたいわ。お茶でも飲みながら、ゆっくり話しましょうよ」。

さて、この不意の来客に対して、それぞれの気質はどのように反応するでしょうか。どの気質のエリカさんが相手なら、エリザベートさんは午後をゆっくりすごせるでしょうか。そして、来客をいやがるのはどの気質でしょうか。

エリカさんが胆汁質なら、何があっても自分の計画は曲げません。目標に向かって一直線です。一度思いたったガーデニングを、何がなんでも決行します。

「なんて間が悪いのかしら」。

いかにも不機嫌そうに玄関に向かい、ドアをあけます。

「あら、エリザベートじゃない。驚かさないでよ。悪いけど、いま手が離せないの。庭の雑草をとらないといけないのよ。どうしても今日じゅうにすませてしまいたいの。私がいつも忙しいのは知っているでしょう。

でも、せっかく来てくれたんだから、しようがないわね。入って。そうだ、草むしりを手伝ってくれたら、あとでコーヒーをごちそうするわ。どうかしら。

だけど、この次からは、ちゃんと前もって連絡してちょうだいね」。

エリカさんが多血質の場合はどうでしょうか。

「あら、エリザベートじゃない。久しぶりね。ちょうど会いたいと思っていたの。こんな幸せってあるかしら。これからガーデニングをする予定だったけど、庭は逃げるわけじゃないし、明日にしてもかまわないわ。あなたには毎日来てもらえるわけじゃないんだから。ご主人はお元気？とにかく入って。お茶をいれるわ。

ちょっと待って。せっかくだからケーキでも買ってこようかしら。おいしい店を知っているの。

あなた、コーヒーでもいれておいてくれる？　すぐそこの店でケーキを買ってくるから。キッチンの使い方は知っているでしょう。

あらいやだ。また電話が鳴り出したわ。うちはいつも電話が鳴りっぱなしなの。たいした用件じゃないの。井戸ばた会議みたいなものよ。でも、今は出ないわ。ケーキが先よ。じゃ、行ってきます」。

ケーキを買いに行く途中、また知りあいと出会います。どんなに忙しくても、おしゃべりの時間はあるのです。近況について話しながら、会う人ごとに「さっき、友だちが久しぶりにうちに来てくれたの。彼女を待たせているから、急がないといけないの」と、せわしなく言います。

さあ、ケーキ屋にやってきました。ここでも親友に出くわします。おしゃべりに花が咲き、ケーキ屋の店員まで話の輪に引きこんでしまいます。

ようやくケーキを買って店から出たとたん、モンブランを買い忘れたことに気づきます。もう一度店に戻って、やっと帰ってきました。

「ごめんなさいね。知りあいにひきとめられちゃったの。話したくてたまらなそうだったから。待たせてしまって本当に悪かったわ。でも、このケーキおいしいのよ。お茶といっしょに食べましょう」。

また電話のベルが鳴り出しました。おまけに玄関のチャイムまで鳴っています。どうやら、子どもが帰ってきたようです。

「ちょっと玄関をあけて、子どもを中に入れてもらえるかしら。たぶん隣りの子もいっしょだと思うわ。私はその間に電話に出るから。大丈夫よ、長電話はしないから」。

さて、エリカさんにとっては、楽しくて、陽気で、変化に富んだ午後ですが、エリザベートさんがゆっくりお茶を飲む時間は、まずなさそうです。

では、エリカさんが憂鬱質だったらどうでしょう。

「エリザベート、どうしたの。突然訪ねて来たりして、何かあったの。調子でも悪いの。心配ごとでもあるの。新しい悩みでもできたの。それともまだ、あのことで悩んでいるのかしら。あら、そう。私を驚かそうと思っていきなり訪ねてくれたのね。ゆっくり話をしようと思っただけなのね。いつも気をつかってくれてうれしいわ。

午後はガーデニングをしようと思っていたけど、せっかくあなたが来てくれたんだから明日にするわ。本当のことを言うと、明日は都合が悪いんだけど、あなたのためだからしようがないわ。あなたが来るとわかっていたら、ちゃんと準備をしておいたのに、残念だわ。今日はまだ掃除もすんでないの。お願いだから、中に入っても、まわりを見ないでね。すごくちらかっているの。まっすぐ前だけ見て入ってきて。

本当にうれしいわ。だって、あなたはいつも私のことを考えてくれるでしょう。それに、いつも優しくしてくれるでしょう。ずっと言おうと思っていたけど、あなたは私にとって最高の親友なの。大切な親友なのよ。今からいちばんおいしいコーヒーをいれるわ。どうぞ楽にして待っていてちょうだいね」。

粘液質のエリカさんが、のんびり玄関のドアをあけました。

「まあ。誰かと思ったら、エリザベートじゃない。私のところでゆっくりしたいですって。ゆっくりすることならまかせてちょうだい。ゆったりくつろぐのが私の趣味なんだから。どうぞ、ソファにかけて。おいしいコーヒーをいれるわ。最近、いいお店を見つけたの。今まで飲んでいたコーヒーより香りがいいの。グルメコーヒーっていう名前なのよ。あなたもきっと気に入るわ。そういえば、これからガーデニングでもしようかと思っていたところなの。庭が雑草だらけでろくに歩けないから。でも、今日はもっと楽しいことをするわ。あなたがわざわざ来てくれたんですもの。そっちのほうが大切よ。

さあ、ゆっくりしましょう。そうだ。ぜひ夕食を食べていってちょうだい。おいしい牛肉があるの。ケーキもどうぞ。気にしないで。いつものことなの。冷蔵庫にケーキが入っていない日はないのよ。私も一ついただこうかな」。

もうおわかりですね。粘液質の相手であれば、不意に訪ねても、午後のひとときをゆったりくつろいで、楽しくすごせるにちがいありません。

気質のちがいが現われやすい場面

日常生活のなにげない場面での、気質によるふるまいのちがいをおわかりいただけましたか。みなさんもそれぞれの気質になりきって、試してみてください。そしてそれができたら、次にあげるような場面での、四つの気質による反応のちがいを思い浮かべてみてください。

○朝、起きてから会社に行くまで。
○寝坊をしたとき。
○いつものバスがなかなか来ないとき。
○会社に遅刻したとき。
○手が離せないのに、電話が鳴り出したとき。
○高速道路が渋滞し、長々と待たされたとき。
○家事に疲れたお母さんがひと休みしようとしていると、子どもがさわいだとき。
○レストランでの待ちあわせ。
○デパートの店員、郵便局の窓口、駅の切符売り場の店員の対応のしかた。
○パーティや祝いの席でのふるまい。
○公園のベンチで、自分の大切な帽子を横においていて座っていたら、誰かがその上に座ったとき

（図5参照）。

図５　ベンチの上の帽子―それぞれの気質の反応

胆汁質は、犯罪者に食ってかかります。

粘液質は、何事もなかったようにくしゃくしゃになった帽子をかぶります。

憂鬱質は、人生の悲劇を体験します。

多血質は、とりあえずおかしくてたまりません。

どうですか。このほかにもいろいろな場面が考えられるはずです。帽子の絵など、思わず笑ってしまいそうでしょう。こんなふうに、みなさんがある場面を思い描くときも、どうぞユーモアを忘れないようにしてください。職場や友だちが集まる場などで、このような場面を演じてみるのも、きっとおもしろいでしょう。

私の気質のセミナーでは、参加しているみなさんに、気質のちがいがはっきり現われる場面を考えてもらいます。すると、いつもとても愉快で楽しい場面が見つかります。しかも、ただ演じる様子を見て笑いころげるだけでなく、多くの人が力をあわせることによって、まったく新しい気質の特徴を見つけることができるという、すばらしいとりくみになるのです。その結果、気質の特徴を正確に把握できるようになり、正確な見わけ方が身につくのです。

このような練習をくりかえすと、豊かな想像力が養われ、それぞれの気質になりきることができるようになります。そして、さまざまな観点から、その気質を理解できるようになります。

親や先生など子どもの教育にたずさわる人が、子どもとかかわろうとするときも、ここに紹介した大人の気質を理解するための練習を応用して、子どもの気質になりきってみる必要があります。次に紹介する日常の一場面を自分で思い浮かべ、それぞれの気質の子どもがどのようにふるまうか、イメージするといいでしょう。

○朝起きて、洋服を着るとき。
○両親が寝坊したせいで、学校に遅刻しそうになったとき。
○夕食の時間に帰ってきた子どもが、今日の献立を見るとき。
○食事をするとき。
○宿題をするとき。
○遊ぶとき。
○友だちとつきあうとき。
○家で手伝いをするとき。
○寝る時間になったら。
○子どもが寝なければいけない時間に、お客さんが来たら。

なお、ここでは次のことに注意してください。想像するときは、自分が体験したことがある場面を思い出して、想像してみてもいいでしょう。ただし、体験したときの状況にこだわりすぎると、自由にイメージをふくらませることができなくなります。また、自分が知っている子どもを思い描くのではなく、架空の子どもをイメージしたほうがうまくいくでしょう。

第4章　家庭で気質を生かすには――わが子をもっと理解するために

この章では、家庭でうまく気質を生かす方法について学びます。わが子やパートナーの言うこと、することがわからなくて、困ったことはありませんか。親子だからといって、気質も似ているわけではありません。それどころか、正反対の気質の場合もあるのです。子どもと親の気質のくみあわせ別に、親子でおたがいの気質をうまく調和させていくとりくみについて、くわしく見ていきましょう。

あきさせないくふうをする――多血質の子どもの場合

多血質の子どもにとっては、いつもほがらかで、笑いのたえない家庭がいちばん理想的です。そんな家庭であれば、大好きなお父さんやお母さんのために、いろいろなことができるようになるはずです。何でもすぐに投げださずにとりくむうちに、きっと根気づよくなるでしょう。

多血質の親

両親とも多血質の場合、子育てはそうむずかしくありません。しかも、親子が鏡うつしの関係になるので、とても理想的です。鏡にうつるようにおたがいの欠点を見あうことによって、自分を変えていくきっかけができるため、おたがいに調和がもたらされるでしょう。

多血質の親は、子どものことよりも、まず自己教育にとりくむようにしましょう。根気づよくものごとにとりくむ姿を、子どもに見せたいものです。多血質の子どもは、まわりの環境があまりに退屈でさえなければ、いつも楽しくすごすことができ、すくすくと成長していきます。

胆汁質や憂鬱質の親

いっぽう、親が胆汁質や憂鬱質の場合、子育てはむずかしくなります。生きることを楽しんでいる子どものほがらかさを、親はじゅうぶん理解するよう心がけましょう。ちょっとしたことで子どもに文句を言ったり、叱ったりしないよう気をつけてください。

とくに憂鬱質の親にその傾向が強く、子どもが言うことを聞かないと、すぐに批判しがちです。胆汁質の親も、何をしても三日ぼうずで、ものごとをすぐに投げだす多血質の子どもを、怒ってばかりいるでしょう。

粘液質の親

粘液質の親のもとでは、多血質の子どもは居心地よくすごせるでしょう。おだやかな家庭は、彼自身の気ぜわしさをなだめてくれます。しかし、ものごとに深くとりくむ機会は、ほかの場所で探さなければいけません。退屈しすぎてしまう場合もあるでしょう。

あきさせないくふうをする

多血質の子どもにとって望ましい教育をしたければ、おとながまず自己教育をすることが重要です。かわいいわが子のために、まず自分から変わりましょう。多血質の子どもは、ほがらかな家庭を何より望んでいます。多血質の子どもをもつ親は、自分も多血質になるといいのです。自分のなかに多血質的なほがらかな要素がなければ、それを身につけるよう努力しましょう。そうすることによって、子どもだけでなくおとなも学ぶことができるのです。

多血質の子どもは、いろいろなものを見るのが大好きです。その反面、すぐにあきてしまいますから、何かを見せるときはあきさせないくふうをしましょう。

たとえば、いろいろなものが描かれた絵が、壁にかかっているとします。まず、子どもにその絵をしっかり見せてから、何が見えたか聞いてみるのです。子どもは、自分がとくに興味があるものを見つけて、話しはじめるでしょう。「全部見たよ」と子どもが言っても、まだ話していない場所を指さし、何があるか聞きましょう。

もしも人物が描かれていたら、その人が何をしているか、聞いてみてもいいでしょう。何を着ているか、何を持っているか、しっかり観察させましょう。きっとたくさんの見落としがあることに気づくはずです。

こういった体験を重ねることによって、注意して見るといろいろなものが見つかることを、子どもは学びます。この方法は、散歩するときや、電車から外を見るときなど、いろいろな状況で応用できます。大切なのは、できるだけていねいに対象を見させることです。この練習は、親や教育者にとっても役に立ちます。じゅうぶん時間をとって、くりかえし練習してください。

じっくり観察することをつづけると、その対象の中に新しい興味を見出すことができるようになります。同じように、子どものふるまいについても注意ぶかく観察するよう心がけましょう。根気づよくつづけるうちに、かならず子どもを、もっとよく理解できるようになれるでしょう。

ここで、多血質の子どもをあきさせない話し方をお教えしましょう。シュタイナーは、授業の内容や身近なできごとなどについて話すとき、先生が感動したり驚いたりして情感豊かに話すと、多血質の子どもの中にしみこむように吸収されると言っています。ゆかいな話題や機転のきいた話もいいでしょう。この話し方であればどんな気質の人でも楽しめますが、とくに多血質の子どもにとっては、集中力を養う効果があります。

反対に、いつも退屈な話ばかりしていると、多血質の子どもは興味をなくし、注意が散漫になり、いたずらばかりするようになってしまいますから、気をつけましょう。

マイペースさを理解する——粘液質の子どもの場合

粘液質の子どもの場合も、親子が同じ気質であれば、よい効果をもたらします。おっとりした粘液質の子どもが育つ家庭がおだやかでのんびりしていたら、それは子どもにとって望ましいといえるでしょう。

粘液質の親

粘液質の親であれば、おだやかな雰囲気の家庭をつくるのはむずかしくはないはずです。その反面、子どもに多様な関心をもたせるのはむずかしいかもしれません。

胆汁質の親

粘液質の子どもの両親が胆汁質だったら、子どもはいつもせかされ、叱られてばかりいることになるかもしれません。どなられたり、ののしられたり、たたかれたりすることもあるでしょう。これは、粘液質の個性を完全に無視したひどいふるまいです。

そんな家庭で育つと、粘液質の子どもはいったいどうなるでしょう。そうです、粘液質の傾向が、いよいよ強くなってしまうのです。自分のまわりに緩衝材になる粘液の壁をつくって自分を守らなければ、とても耐えられないからです。

憂鬱質の親

憂鬱質の親の家庭で粘液質の子どもが育つ場合、子どもの世話はゆきとどきますが、親がわが子のことを必要以上に心配する傾向が強いようです。学校に行くのが遅い、いつもぼんやりしていて集中力に欠けるから、学校の勉強についていけないのではないかなど、心配の種はつきません。

このような親は、いつも子どもを厳しく叱責しますが、かんじんの子どもの成果は見すごしがちで、しっかりほめようとしません。関心があるのは、子どもがどれだけたくさん学べるようになったか、といった表面的なことだけです。

多血質の親

親が多血質の傾向が強い家庭の場合、話はちがいます。ほがらかで明るい雰囲気は、子どもにとってても望ましいでしょう。家の中でいろいろなできごとが起こり、興味ぶかいさまざまなものと出会う機会に恵まれます。それによって、「無関心」という粘液質の短所を克服することができるでしょう。

子どものマイペースさを理解する

粘液質の子どものためには、彼がいつもマイペースであることを、親が理解することが大切です。そして、ゆっくりした歩みであっても、着実に成長をつづける子どもであることを信じましょう。親も粘液質的になって、子どもが親に「鏡うつし」の状態を見られるようになれば、自己認識が進み、かならず自己教育できるようになるはずです。

たとえば、多血質の親であっても、粘液質的になるように心がけましょう。その結果、子どもが自分の粘液質的なかたよりに気づき、活発さを身につけることができたら、平静さと心あたたかいおだやかさをそなえた、すばらしい人間になるでしょう。

ここで、日常的なとりくみを一つ紹介しましょう。粘液質の子どもは、朝、できるだけ早く起こすようにしてください。ぎりぎりの時間に起きたら、粘液質の子どもは朝のしたくがきちんとできず、親から「早くしなさい」とせかされます。そうならないよう、できるだけ早く起こしてやってほしいのです。子どもがマイペースで朝のしたくができるよう、時間をたっぷりとりましょう。

シュタイナーは、粘液質の子どもには、朝はお湯よりも冷たい水で顔を洗わせるほうがいいと言っています。このとき、顔や手だけでなく上半身も洗うことをすすめています。新鮮な冷たい水が、のんびりした粘液質の子どものめざめを助けてくれるからです。

尊敬できる親になる——胆汁質の子どもの場合

胆汁質の子どもは、自分が尊敬できる人を求めています。自分で決めたことを最後までやりとげ、自分をしっかりコントロールできるおとなです。このような親がいる家庭であれば、胆汁質の子どもはさまざまなことを学べます。胆汁質の子どもは、親にとても多くのことを要求するのです。

胆汁質の親

両親が胆汁質であれば、子どもは親の中に自分と同じ気質を見ながら、かたよった部分を調和させていくでしょう。有言実行で、何でもできる親に感心し、尊敬するはずです。

しかし、父親がすぐにどなり、母親もヒステリックになるような家庭では、子どもはそういった態度を親の欠点とみなし、尊敬しないでしょう。そのうえ、子どもまで親と同じように攻撃的になってしまう傾向が強くなります。

家庭内でのささいな口げんかが、どなりあいのけんかへとエスカレートし、家庭内暴力を引きおこすまでに発展してしまうことさえあります。

粘液質の親

両親が粘液質であれば、カッとなりやすい胆汁質の子どもも、落ち着いていられるでしょう。しかし、粘液質の親が、子どものすることにまったく関心を示さなければ、自分の成果を認めてもらいたい胆汁質の子どもは、かならず文句を言いたくなるでしょう。

また、胆汁質の子どもが怒ったとき、粘液質の親が彼を笑ったりばかにしたりすると、大変なことになります。怒っている胆汁質の相手を見て笑うことは、胆汁質の子どもだけでなく、胆汁質のおとなに対しても、絶対にしてはいけない行為です。

憂鬱質の親

憂鬱質の傾向が強い家庭では、怒りっぽいわが子を落ち着かせることに気をくばり、怒らせないように注意しましょう。ただし、胆汁質という気質のはげしい特徴について、親がよくわかっていないと、怒った子どもが思わずひどいことをしたり、言ったりしてしまったときに、親はとても深く傷ついてしまいます。そして、そのときのことをいつまでも覚えていて、ことあるごとにくりかえし子どもを責めることになるのです。

説教して、心配して、子どもを受け入れられなくなってしまうことさえあります。ここから子どもの苦しみがはじまります。そしてさらに暴力的になり、親をどこまでも苦しめることになるのです。

多血質の親

多血質の親の場合、胆汁質の子どもはほがらかに育ち、すぐに反抗するようなことはあまりないでしょう。子どもが怒りだす前に、親が優しい言葉をかけてうまく落ち着かせることができるからです。

しかし、そのような家庭でも、胆汁質の子どもは、親が自分のことをまじめに受けとめてくれないと感じる場合があります。約束を簡単に破ったり、大事なことを忘れられたりすることをとてもいやがり、怒ります。

また、多血質の親はいろいろな人に贈りものをしますが、そんなとき、ほかの人のほうが自分よりもいいものをもらったりすると、胆汁質の子どもはひじょうに腹を立て、「不公平だ」と口にすることがあります。

こんなふうに、胆汁質の子どもが怒ったときは、親はまじめに受けとめ、しっかり対応しないと、事態は悪化していきます。

尊敬できる親になる

ここにあげた例からわかるように、胆汁質の子どもにとって、理想的な親のいる家庭はどこにもありません。だからこそ、親が自己教育する必要があるのです。胆汁質の子どもに向きあうときは、親自身も胆汁質になりましょう。

だからといって、子どもといっしょにどなりあう必要はありません。そんなことをしても、子どもの怒りに火をつけるだけです。大事なのは自己コントロールです。子どもが自分の道をしっかり歩んでいけるよう、親もはっきりした人生の目標を持って生きるようにしたいものです。そのためにも、ぜひ何か真剣にうちこめる対象をもってください。

わが子のために胆汁質の長所を身につけることができたら、親としてこれ以上の喜びはないでしょう。自分のもともとの気質にしばられず、気質を新しくつくりかえ、鍛錬し、調節できるようになれたら、どんなにすばらしいでしょう。思いどおりに自己コントロールができるようになるのです。このような親を見本にすると、胆汁質の子どもは驚くほど多くのことを学べるはずです。

胆汁質の子どもに対しては、おとなはいろいろなことができることを示すことが、とくに大切です。なかでも、子どもの前でお父さんがお母さんの料理をおいしいと言い、お母さんはお父さんの自転車修理の腕前をほめたりして、両親がたがいに認めあう姿を見せることは、いちばん大切なとりくみです。そのような両親に接することによって、きっと子どもの中に、両親に対する本当に深い尊敬の念が生まれるでしょう。

シュタイナーは、胆汁質の子どもへの配慮として、次のように言っています。

「胆汁質の子どもは、エネルギーをもてあましている傾向があります。思いきり暴れることくらいしか、その力を発散させる方法を知りません。結果的に、子どもの中に過剰な力がたまってしまうため、落ち着きのない乱暴な子どもになってしまうのです。胆汁質の子どもがこのような状態になる前に、体をたくさん動かすようなことをさせましょう」。

たとえば、シュタイナー学校では、実際に次のようなくふうがなされています。担任の先生が、朝、授業がはじまる前の教室を見まわして、とても興奮している子どもに気づいたら、事務室までその子どもに手紙をもっていってもらうのです。そのとき「できるだけ早く走って行ってごらん！」と子どもに伝えます。こんなとき、子どもに校舎のまわりを走って一周させる先生もいます。

木工の時間に、胆汁質の生徒にいちばん硬い木を与える先生もいます。過剰な力を有効に発散できるうえに、労力を使う課題にぶつかるたびに、過剰な力が、それを克服するための肯定的な力に変わっていくからです。

シュタイナーは、ユーモアたっぷりに、「胆汁質の子どもたちは、放課後に木の上に登らせて、そのてっぺんでいっしょに大声でどならせてみるのもいいかもしれない」とも言っています。

広い世界に目を向けさせる——憂鬱質の子どもの場合

まず、親自身が、つらさや悲しみ、苦しみを、自分のこととして体験していることが大切です。

子どもが悲しみや痛みを訴えてきたら、子どもの身になって受けとめましょう。子どもはなぐさめてほしくてそうしているのですから、その期待にこたえなくてはいけません。しかし、じゅうぶんなぐさめてやったあとは、この世の中にはもっと大きな苦しみがあることを、心をこめて話して聞かせ、子どもの目を外の世界に向けさせましょう。

自分以外の他者に同情することによって、こりかたまった視野の狭い痛みを、のりこえていくことができるようにするためです。

憂鬱質の親

憂鬱質の傾向が強い親は、もともと他人に深く同情できる気質なので、憂鬱室の子どもにとってはいちばん望ましいでしょう。子どもの気がすむまでなぐさめてくれるでしょうし、おたがいの気質が鏡うつしになることによって、親子のあいだに調和がもたらされます。

多血質の親

多血質の親も、憂鬱質の子どもの痛みに共感することはできるのです。ところが、残念なことにそれが長つづきしません。そのため、子どもをなぐさめるための働きかけが、じゅうぶんゆきとどかないのです。なぐさめてほしかった子どもはがっかりし、自分が親に理解されていない気がして悲しくなり、しだいに自分の殻に閉じこもるようになってしまいます。それでも、優しくほがらかな多血質の親のもとでは、たいていの子どもは幸せに育ちます。

粘液質の親

粘液質の親の場合、憂鬱質の子どもが何度も泣きついてくるうちに、まったく関心を示さなくなる傾向があります。なぜなら、自分ののんびりした状態を変えたくないからです。粘液質の親にとって、憂鬱質の子どもの気持ちを正確に思いやることはむずかしいようですが、それ以外の面では、おだやかな家庭は、憂鬱質の子どもにとっても落ち着いてすごせるでしょう。

胆汁質の親

とくに注意しないといけないのは、両親が胆汁質の場合です。一つのことをくりかえし嘆きにくる子どものせいで、仕事が何度も中断させられます。おまけに、そのたびに同じような話を聞いてやらなければなりません。誰がどんなことを言い、何をしたか、そのせいで自分がどれだけ痛い目にあったか、枝葉末節までえんえんと続きます。

「いいかげんにしなさい！　お母さんは忙しいんだから！　いつまでもぐずぐず泣かないの！　しっかりしなさい！」。

思わずそうどなってしまうことがあるかもしれません。憂鬱質の子どもが深く傷ついている姿が、目に見えるようです。

憂鬱質の子どもに向きあうときは、親が胆汁質であっても、憂鬱質になりましょう。わが子のために、もともとの自分の気質とはちがう憂鬱質の傾向を身につけ、人の気持ちになり、痛みが心からわかるようになれたら、親子にとってこれほどすばらしいことはないでしょう。

広い世界に目を向けさせる

シュタイナーは、授業でとりあげたさまざまなできごとや状況についてどう思うか、とくに憂鬱質の子どもに聞いてみることをすすめています。なぜなら、彼らはじっくり考えることができる、小さな哲学者だからです。しかも、できるだけむずかしい内容がいいでしょう。家庭でも、ぜひこれを試してみてください。

憂鬱質の子どもは、このような話しあいが大好きです。年齢にあわせて、たくさんのことを話して興味の幅を広げてやり、いろいろなできごとについて彼にたずねましょう。このとりくみをつづければ、自分の殻にとじこもって一人で悩みつづけたりせず、まわりに興味をもち、自分を開くきっかけをつくれるでしょう。

また、憂鬱質の子どもは、寝る前に親といろいろなことについて話したがります。どんなに短い時間でもいいのです。「お母さん、五分でいいから」と、その時間を必要としている子どもは少なくありません。そのような時間をできるだけ大事にしてあげてください。

彼らが思春期を迎えたら、偉大な人物の生涯について学ばせるといいでしょう。憂鬱質の子どもは、自分の殻に閉じこもってしまう傾向が強いので、できるだけ広い世界に目を向けさせ、いろいろな対象に関心をもたせるよう心がけましょう。

思春期はどの気質の子どもも、自分を閉じてしまう傾向にありますが、憂鬱質の子どもの場合、それが極端なかたちで出てしまうことがあるのです。

何を食べさせればいいか

どんな国でも、食生活はその土地の風土や民族によって変わります。もちろん家庭ごとにも食生活の習慣は異なりますが、ここでは、気質の観点から、子どもに何を食べさせたらいいかご紹介します。

四つの穀物

穀物は、広く世界中で食べられています。じつは、穀物は気質と深いかかわりがあるのです。ここでは、米、キビ、とうもろこし、燕麦《えんばく》の四つについて見ていきます。この四つの穀物は、四つの元素とも深い関係があります。そのため、四つの気質にとっても非常にいい栄養になるのです。ここでも「同じものが同じものに作用する」という考えがあてはまります。

○米——粘液質

米（水稲）の栽培でもっとも特徴的なのは、水の要素です。水田には、多量の水がはられます。水の要素をもった米は、粘液質の子どもの体にとって、とてもいい効果があります。ただし、彼ははっきりめざめる必要がありますから、ときにはスパイスをきかせましょう。カレーなどのからい料理がいいでしょう。でも、食べすぎにはじゅうぶん注意してください。肥満になりやすい傾向があるからです。

○キビ——多血質

キビの穂や種をご存知ですか。細い穂の中に、軽くて小さな粒が入っています。茎はとても細く、まさに空気の要素です。

キビの種を見ていると、とても小さくてコロコロした丸い粒が、愉快に笑っているように見えます。まるで多血質の子どものようです。あまり一般的な食べ物とはいえませんが、キビをおいしく食べられる献立を考えましょう。

多血質の子どもは、口だけでなく、目でも味わいます。少食の子どもが多いので、カラフルなもりつけをして食欲をわかせることも必要でしょう。

○とうもろこし——憂鬱質

とうもろこしはたくましい植物です。とても太い茎をもち、長い緑の葉が実を包みこんでいます。黄金色のとうもろこしが、葉に包まれた暗闇の中で熟すのです。これは、地の要素です。甘いとうもろこしは、憂鬱質の子どもによい作用をもたらします。とうもろこしはよく食べられているので、はばひろい献立ができるでしょう。

憂鬱質の子どもは好き嫌いが多かったりして、たくさん食べるほうではありません。そして、いつも体が冷えています。生野菜ばかり食べさせると、消化の過程で自分の熱を使いはたしてしまいます。彼らの健康のためにも、火を通した温かい料理を心がけてください。

○燕麦——胆汁質

燕麦は、馬に力をつけるえさとして知られています。エネルギー豊富な炎の要素をもっているからです。燕麦自体はそれほど大きく成長しません。殻に包まれた実の一つひとつが自分の茎をもっています。一つひとつの実が、自分の手をのばして「おれはここだぞ」と主張するかのように、できるだけたくさんの太陽の光をとりいれようとしているのです。

エネルギーがたくさんつまった燕麦は、胆汁質に適した穀物です。たくさんエネルギーを与えて、たくさん力仕事をさせてください。いつもエネルギーに満ちあふれている胆汁質の子どもは、どこかでエネルギーをたっぷり発散させなければなりません。

憂鬱質の子どもと逆に、胆汁質の子どもには生野菜や生の果物を食べさせるといいでしょう。

内側からあふれそうな熱を、消化の過程で使わせることができます。なお、胆汁質の子どもは、粘液質の子どもと同じようにたくさん食べます。スパイスのきいたものが大好きで、何杯もおかわりするでしょう。

ここでは気質別に効果的に作用する穀物について紹介しました。しかし、この内容を日常生活でそのまま実践するのは、そう簡単ではありません。気質のちがう子どもが何人もいたら、お母さんはきっと混乱してしまうでしょう。ある子どもに適した穀物が大きらいな子どもだっているからです。

ここで紹介したことは、折をみて試すようにしてください。子どものために望ましいからと、お母さんが神経質になりすぎて、お父さんに食卓でいやな思いをさせてはいけません。どうか肩ひじはらず、できるときに試すようにしてください。お母さんの心のこもった料理以上に、子どもの健康をはぐくむものはないのですから。

砂糖と気質

シュタイナーは、憂鬱質の子どもには砂糖を少し多めに、多血質の子どもには少なめにとらせるとよいとすすめています。これはふだんの生活にとりいれやすい考え方です。

私たちが食べたものは消化され、非常に複雑な過程を経てぶどう糖に変わり、血液に流れこみます。しかし、砂糖をとりすぎると、体のなかで血糖をつくりだすための働きが弱くなってしまいます。

「健康な魂は、健康な体に宿る」と言われるように、私たちの体が行なうプロセスは、私たちの魂や精神にも関係しています。糖分をとりすぎると、体はゆるくなり、集中できなくなります。逆に糖分を少なめにとると、体は活発に働きはじめます。自分で糖分をつくるために体が活性化し、健康な体の基盤をつくりだすのです。

多血質の子どもは、ものごとに集中しにくい傾向を持っています。いっぽう、憂鬱質の子どもは体が重く、硬い傾向があります。ドイツでは、悩みごと（とくに恋の悩みなど）がある場合、好んでチョコレートなどの甘いものを食べたり、あたたかいホットチョコレートを飲んだりします。これらの食べ物は、悩みを本当にやわらげてくれます。心の痛みで硬くなった体を、糖分がやわらげてくれるからです。

多血質の場合、ただでさえ集中できないのに、糖分をとりすぎると、さらに集中できなくなってしまいます。その結果、注意散漫になり、まったく落ち着きのない子どもになるのです。ところが困ったことに、そういう子どもにかぎって甘いものが大好きで、色とりどりのアメやチョコレートに目がありません。親にとっては、わが子のためとはいえ、甘いものを控えさせるのはなかなかむずかしいかもしれません。

シュタイナーは、そのような子どもに対しては、長い期間をかけて、少しずつ糖分を制限していくようにすすめています。たとえば、今まで紅茶に砂糖を三杯入れていた家庭では、次の週には二杯半、その次の週は二杯にへらしていき、子どもにとってふさわしい量になるまでへらしつづけるのです。憂鬱質の子どもに対しては逆にふやしていきますが、ふやしすぎないよう気をつけてください。

いずれにしても、細心の注意をはらって行ないましょう。砂糖をふやしたりへらしたりする理由については、子どもには話さないでください。なぜなら、「あなたがもっと集中できるようになるには、糖分を控えないといけないのよ」などと話したら、子どもは傷つきますし、かえって糖分をほしがるような結果を招きかねないからです。

さらに多血質の傾向が強いおとなにとっても、糖分は悪影響をもたらします。糖分をとりすぎると、おとなでも注意散漫になってしまうからです。

色が子どもに与える効果

色彩が、人間にさまざまな影響を与えることは、広く知られています。広告にたずさわる人などは、色の心理的な効果や売れゆきとの関係にはとくに敏感です。シュタイナーは、それぞれの子どもの気質にあった色を、身のまわりに置くことをすすめました。胆汁質は赤、補色は緑。多血質は黄色、補色は紫。粘液質は緑、補色は赤。憂鬱質は青、補色はオレンジです。

ここで、補色について少し説明しましょう。人間の目は、一つの色を見るとき、自分に不足している色を補おうとします。たとえば、赤を見ているとき、目は黄色と青を求めはじめます。そして、目の中で生まれた黄色と青が混じりあい、緑色が生まれるのです。これが補色の働きです(図6参照)。

おとなの場合、足りない色を補おうとするこの働きは、目の中だけにとどまります。なぜなら、おとなはまわりの世界としっかり距離をおくことができるからです。ところが、子どもの場合、補色の働きは体全体に浸透します。なぜなら、子どもはまだ自分の内面的な世界ができていないため、まわりの世界と深くつながっていて、おとなのようにうまく外界と距離をおくことができないからです。そのため、子どもにとっては、実際に見ている色より、自分の中でつくられる色のほうが強く作用するのです。

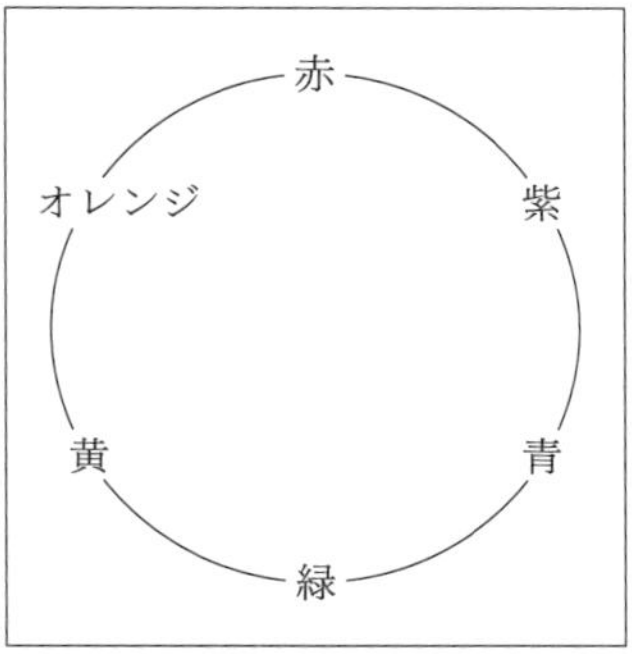

図6　補色の関係

胆汁質の子どもは赤い色を好みます。彼が赤を見ているとき、彼の目の中では緑がつくられます。そして、この緑色がもつ、気持ちを落ち着かせる作用が体全体に浸透し、落ち着く効果がもたらされるのです。

逆に、おとなの場合、外界から来る色彩の作用は、無意識の奥までは入っていきません。そのため、胆汁質のおとなが赤を見ると、赤という色のもつ攻撃的な作用が、直接、彼に影響します。おとなの胆汁質の攻撃的な要素と、赤の攻撃的な作用がぶつかりあって、よりいっそう攻撃的に作用するのです。

赤は活発な色です。粘液質の子どもにとっては、この赤い色に特別な意味があります。多血質の子どもが黄色を見たとき、彼の目の中には紫色が現われます。青の静けさと赤の活動性をあわせもつ紫色は、集中する気持ちがわいてくる色です。黄色に囲まれている多血質の子どもの目の中では、補色の紫色がつくりだされます。この紫色は、多血質が集中できるきっかけをつくるでしょう。

また、憂鬱質の子どもに青を見せると、暖かいオレンジ色が彼の目の中に生まれます。この暖かいオレンジ色は、彼にとって癒しの色になるのです。憂鬱質の子どもが青い色の部屋にいると、子ども自身は自分の気質にあった色なので居心地よくすごすことができますが、じつはその子どもの中では、いきいきとしたオレンジ色がつくられているのです。憂鬱質の子どもは、自分の中でつくられたこのオレンジ色を通して、自分の中に調和をもたらすのです。

ただし、子どもに対する補色の作用は、思春期が近づくにつれて、少しずつ弱くなっていくことを覚えておいてください。なぜなら、まわりの世界と距離をおき、遮断することができる内面的な力が、子どもの中にしだいに育ってくるからです。

第5章　気質を調和させる方法――シュタイナー教育のとりくみ 1

豊かな調和をもたらすために

シュタイナーは、気質による人間の理解を重視し、教育にも積極的にとりいれました。この章では、まず、シュタイナー教育の基盤になる考え方をご紹介しましょう。

「理想的な人間とは、あらゆる面で調和のとれた存在をさします。しかし、そんな理想的な人間は、現実にはいません。人間は、完璧とはほど遠い状態でこの世に生まれてくるものなのです。教育や授業は、一人ひとりの子どもが、本当に調和のとれた理想的な人間になれるよう、はぐくむためにあるのです」。

これまでのとりくみからおわかりのように、それぞれの気質には独特のかたよりがあります。気質はしっかりコントロールして調和させないと、一人歩きをはじめ、かたよった部分がもつ危険性が増大するのです。

この章では、とくにこの点について、子どもの教育という視点から考えていくことにします。たとえば、とくに気質的なかたよりがめだつ子どもの場合、早めにその子どもにふさわしい教育的な対応をすることによって、気質のコントロールのしかたを教えることができるのです。

ところで、気質を調和させるとはいったいどういうことでしょうか。知りあいのガーデナーの例を紹介しましょう。ある日、彼が私の庭の手入れをするために来てくれました。かなり広い庭です。彼は長いあいだじっと庭をながめていましたが、一本の木が育ちすぎていることに気づきました。その木は、そばにはえている三本の木を覆いかくすように繁っています。

彼は「あの木は育ちすぎです。だから、本当ならもっと大きくなるはずのまわりの木が、育っていないのです」と言うと、その木のそばに行き、まわりの木の生長に必要な日光と空間を確保するため、繁りすぎている枝をばっさり切り落としました。作業を終えた彼は、「何年かたてば、きっと調和のとれた庭になりますよ」と言ったのです。そして、たしかにそのとおりになりました。

この木々の関係が、四つの気質の関係と同じなのです。育ちすぎた木のように、ある一つの気質だけが突出して他の気質を押さえつけていたら、ほかの気質はいきいき活動することはできません。そのままほうっておいたら、中心の気質はまわりを抑圧し、支配しようとするだけで、決してほかの気質を生かそうとはしないでしょう。

繁りすぎた枝を落とすように、めだちすぎる気質をやわらげ、ほかの気質に力を与えることによって、気質どうしがうまく影響しあい、調和のとれた豊かな関係を生みだすことができるようになるのです。

気質別の魔法のことば

シュタイナーほど、気質について具体的に表現した人物はいません。ここでは、そんなシュタイナーの言葉に沿って、気質による子どものちがいと、気質別の教育的なとりくみについて、くわしく見ていきましょう。かぎカッコでくくった部分が、気質別の、シュタイナーの言葉です。

人を愛する力をはぐくむ――多血質の子ども

多血質の子どもは、自分の身のまわりにあるもの、身のまわりで起こるできごとに対して、一瞬の興味しか示しません。シュタイナーは、次のように言っています。

「多血質の子どもは、誰かを本気で愛することができれば、その人のために継続的な興味をもてるようになるでしょう。まったく落ち着きがない子どもでも、もし私たちが彼から愛される人物になれたら、その子はどんどん変化していきます。

多血質の子どもには『愛する誰か』が必要です。誰かを愛することをとおして、授業の内容に興味をもつのです。大好きな人のために何かに興味をもちはじめたら、その人への愛によって奇跡が生まれます。それは、多血質が一つのことに集中するという奇跡です。

愛の力によって、多血質の子どものかたよった気質はやわらいでいくのです。多血質の子どもは、ほかの気質の子どもより、誰かを愛することを強く望んでいるのです」。

この言葉には、とくに先生にとって、たいへん重要な課題が含まれています。多血質の子どもは、単純に先生に好感をもったり共感したりするだけでなく、愛することができるということです。

では、そんな多血質の子どものために、私たちは何ができるでしょうか。

「このような子どもが愛にめざめるため、できるかぎりのことをしましょう。愛が魔法の言葉です。親や教育者は、あるものごとに継続的な興味をもたせようとして、子どもに無理じいしてはいけません。子どもが、誰か大切な人のためにつくしたいと思うことによって、自分から何らかの興味を見出すことができるよう、手助けをしていきましょう。

多血質の子どもは、どんなときも頼りになる、信頼できる相手への愛情をはぐくむことが重要です。私たちは、多血質の子どもに愛されるようにならなければいけないのです。なぜなら、多血質の子どもは、人を愛することを学ぶと、かならず成長するからです」。

多血質の子どもが、学校で自分から学ぶ気になるには、愛することができる相手か、好感がもてる相手が必要なのです。ふきげんさ、気まずい雰囲気、怒り、憎しみ、暴力、争いなどは、多血質の子どものいきいきした生命力をだいなしにしてしまいます。

彼は、先生に、自分のすべてのふるまいを気にかけてほしいと願っています。だからこそ、教室で前のほうの席に座らせて、不意に質問したり、何かちょっとしたものを見せたりするといいのです。

そんな多血質の子どものために、シュタイナーは二つの対応のしかたをすすめています。

一つ目は、多血質の子どもが興味をもちそうなもの（おもちゃ、音楽、散歩、かけっこ、歌など）を見せ、とくに何に興味を示すか、じっくり観察するというものです。

「多血質の子どもは、いろいろなものにすぐに興味を示すことが多いものです。ところがその反面、とてもあきっぽい傾向があります。それでも、興味をもちつづけることのできる対象が、一つくらいはあるはずです。子どもがとくに興味を示すものを見つけたら、それにしっかり注目しなければいけません」。

たとえば、子どもが大事にしているペットがいたら、えさを与えたり、小屋を掃除したり、洗ってあげたりすることを定期的につづけることによって、「持続力」を養うことができるでしょう。

二つ目は次のような方法です。

「多血質の子どもには、少しのあいだだけ興味をもてばいいような対象を与えましょう。すぐに忘れてしまってもかまわないものがいいでしょう。これは、長時間つづけさせる必要はありません。適当な時間を見はからって、子どもからその対象をとりあげます。そうなると、子どもはもう一度その対象をほしがるでしょう。多血質の子どもにとって、自分からほしがるということが重要なのです」。

この言葉からまっさきに思い浮かぶのは、いろいろなおもちゃでしょう。多血質の子どもは、おもちゃなどに、いつも一時的な興味を示します。

では、ここで多血質の子どもをもつすべての親のために、とくに教育的な効果が期待でき、役に立つとりくみを紹介しましょう。

まず、ある一定期間、子どもが気に入って遊んでいるおもちゃを、うまく隠してしまいます。しばらくたってから、子どもにおもちゃを返すのです。すると、子どもはそのおもちゃにふたたび興味を示します。この興味は、長つづきこそしないでしょうが、たとえ短い時間であっても、子どもは喜んで遊びます。

このように子どものおもちゃについて意識的にとりくむことは、多血質の子どものみならず、親や先生にとってもいい練習になります。

「多血質の子どもには、にぎやかに遊べたり、いろいろとりかえたりできるものを与えて、何にでも手を出してみたいという、多血質特有の欲求を思うぞんぶん満たしてあげましょう。これをつづけるうちに、たとえ多血質の子どもであっても、何か一つのものに集中するようになります。一見、回り道のように見えるかもしれませんが、子どものためにぜひ試してみてください」。

たとえば、公園や野原で追いかけっこをしたりして体を動かしながら、花やチョウ、昆虫、小鳥の声、空の色など、さまざまなものに子どもの注意を向けさせます。そうすれば、多血質の子どもはとても楽しく遊ぶでしょう。

多血質の子どもに、いつも落ち着いて静かに座っているよう、強制すべきではありません。じゅうぶん体を動かすことができ、ほがらかになれる状況も用意しましょう。

「多血質の子どもにとって、愛する人のもとで学べることほど望ましいことはありません。彼は、人とのつながりの中で愛する力をはぐくみます。大好きな人のもとで学べることは、多血質にとって最高の喜びです」。

このシュタイナーの言葉のように、多血質の子どもは、身のまわりにいる他者を愛することによって、みずからの興味を深めることを学ぶのです。その後、ゆっくりと根気づよさを身につけていくのです。

尊敬できる人物をもつ——胆汁質の子ども

胆汁質の子どもはどうでしょう。彼らは、親や教育者に対して、親しみやすく愛すべき人柄など求めません。シュタイナーは次のように言っています。

「わが子の気質が、極端な胆汁質であると気づいた親は、とても困惑することでしょう。こんなとき、多血質の子どもと同じように対応してはいけません。胆汁質の子どもが誰かを愛するということは、そう簡単ではないからです。何か別のかたちで、人間関係をつくっていくようにしましょう。

胆汁質の子どもの気質のかたよりをやわらげる方法は、『尊敬できる人物をもつ』ことです。胆汁質の子どもにとっては、尊敬できる人物がいることが、もっとも教育的な効果が高いのです。ただし、この場合の尊敬は、多血質の子どもの場合のように、気に入られることではありません。胆汁質の子どもにとって大切なのは、たとえば教育者に対しては、『先生は、ものごとを本当によくわかっている』と心から思えることです。そのためには、先生は子どもの身のまわりのできごとを、よく知っておく必要があります。胆汁質の子どもに弱みを見せてはいけません。先生は、授業でとりあげるものは、何でもこなせなければいけません。まったくできない、知らないでは、尊敬に値する人物にはなれないからです」。

これもまた大きな課題です。私たちは、子どもが尊敬できるような部分を、自分の中にはぐくんでいかなければなりません。子どもから尊敬されなくなるのは、じつに簡単です。私たちがいつもすぐにカッとなって怒ったり、どなったりしていたら、胆汁質の子どもはすぐに尊敬しなくなります。そんなふるまいに失望し、それが私たちの弱点だと気づくのです。

彼らは本来、親や教育者を尊敬したいと思っています。親や教育者が、どんな難題にぶつかっても、懸命に自分をコントロールしている姿を見せることが、彼らが本当に望んでいるものを与えることになるのです。

とくに教育者は、子どもの前ではつねに自信に満ちたふるまいを心がけ、どうしたらいいかわからないというような情けない姿をさらさないようにしましょう。「先生は何でもできる」という信頼感を、つねに子どもにいだかせることが大切です。さもないと、たとえ授業中であっても、子どもはふざけて遊びはじめます。

多血質の子どもの場合は、「人を愛する力をはぐくむ」が魔法の言葉でした。胆汁質の子どものための魔法の言葉は、「尊敬できる人物をもつ」です。

そんな胆汁質の子どもの教育について、シュタイナーはある講演で、とても重要な話をしています。

「胆汁質の子どもの教育においてもっとも大切なことは、子どもの中にある強い力を、のびのび引き出すことです。また、人生にはたくさんの困難があることを、子どもに気づかせることが大切です。

胆汁質の子どもの暴力がひどくなりそうなときは、教育において、その子どもにとくにむずかしい課題を与え、人生には大きな困難があることに目を向けさせるといいでしょう。胆汁質の子どもの前に、障害物をおくのです。ささいな内容であっても、多くの労力を必要とする課題を与えることによって、胆汁質の子どもの余分な力を発散させることができます。

胆汁質の子どもたちにとっては、先生を尊敬できることが大切です。彼らの前に立つときは、彼らが私たちを尊敬のまなざしで見上げることができるように、先生はみずからをはぐくんでいきましょう。

胆汁質の子どもが尊敬できるのは、自分にできないむずかしいことができる先生です。先生が何でもできることがわかれば、きっと尊敬するようになるでしょう。先生が胆汁質の子どもができない課題をやって見せれば、子どもは先生を尊敬し、みずから学びはじめます。

先生の能力に対する尊敬こそ、胆汁質の子どもにふさわしい教育方法なのです」。

このシュタイナーの言葉からも、胆汁質の子どもに対して、簡単で楽にできるような課題を与えてはいけないことがわかります。私たち親や教育者は、一生懸命とりくまないとできないような課題を、彼らに与えるようにしましょう。多くの労力を使って課題にとりくむことによって、胆汁質の余分な力を、思いきり発散させることができるからです。

シュタイナーは、胆汁質の子どもの怒りがおさまらない場合の対応のしかたについて、次のように言っています。

「胆汁質の子どもに対しては、教育者は決して感情的にならず、落ち着いて対応することが大切です。彼がどんなに暴れても、冷静に観察するのです。たとえば、彼がインクのビンを床に投げてしまっても、暴れている最中はできるだけ落ち着いています。自分が粘液質になったようにゆったりかまえて、決して動揺してはいけません。

そして、そこで何が起きたのか、客観的に子どもに話して聞かせるのです。ただし、ビンを投げた直後に話しかけてはいけません。少し時間をおいてから、できるだけ冷静に、彼に向かって

『君はインクのビンを投げて、壊してしまったね』というように話しましょう。

さらに、その次の日になってから、子どもが落ち着いているときに、彼がしたことについて冷静に話しあい、昨日の自分の行ないについて、子どもにふりかえらせましょう。そのときは、子どもがあらゆる場面を思い出すことができるよう、インクのビンを床の上に投げつけて壊してしまった過程を、くわしく話して聞かせるのです。

このような対応をすれば、はげしく暴れる子どもが、自分のしたことを深く反省できる大きなきっかけが生まれます。ほかのやり方では、暴力的な子どもが、みずからの行為を反省できるきっかけは生まれないでしょう」。

では、具体的な例を見てみましょう。ある男の子が、同じクラスの男の子に対してひどく腹をたてました。その男の子は、カッとなって相手の色エンピツをとりあげ、まっぷたつに折ってしまいました。二人して大声でどなりあったあげく、色エンピツを折られた子どもが、泣きだしてしまいました。

こんなときは、どうすればいいのでしょう。

まず、先生は、決してこの場で怒ってはいけません。悠然と二人のそばに行き、怒っている子どもには、「君は彼の色エンピツを折ってしまったね」とだけ言いましょう。泣いている子どもには、「もう大丈夫だよ」と声をかけて、もとどおりになるように手伝うことを伝えます。

胆汁質の子どもとは、今日のところはこれ以上話しません。次の日の授業がはじまる前か、それがむずかしければ放課後に、あらためて話すようにするといいでしょう。

ただし、そのときも頭ごなしに説教してはいけません。どうしてけんかになったか、その過程を子どもに話させるのです。

次のような感じです。

「あの子がぼくの足を踏んだんだ！　それで頭にきた！」。

「わざとやったの？　ついうっかりして踏んだんじゃないの？」。

「わざとじゃなかった」。

「彼はほかに何かしたの？　何か君のものを壊したりしたの？」。

「壊してないけど、でもすごく頭にきたんだ。そしたら机の上に、その子の色エンピツがあったから、カッとなって、その色エンピツをとりあげて折っちゃった」。

「昨日のことを思い出してみて、いまはどう思う？」。

「ぼくが悪かった。あんなこと、しなければよかったよ」。

「どうしたらちゃんと仲なおりできるか、考えてきたかい？」。

「はい。色エンピツを買って、あの子に返します」。

「それはいいことだね。でも、君は色エンピツだけじゃなくて、彼自身も傷つけたんだよ。彼はとてもショックを受けたと思うよ」。

「あの子に謝る……それに、絵を描いて贈るよ、先生」。

「それはとてもいいことだね」。

話しあいの最後に、「君がしたことは悪いことだよ」と、先生自身の気持ちをはっきり子どもに伝えてから別れましょう。

このようなとりくみは、暴力的な子どもにとって、とても大きな助けとなります。


私が先生をしていたころ、いつも級友に暴力をふるってはケガをさせる、ある生徒を受け持ったことがあります。そのとき、シュタイナーがすすめた対応のしかたがとても役立ったので、みなさんにもご紹介しましょう。

私が新一年生を受け持ったときのことでした。ささいなことでカッとなり、すぐに怒りだす男の子がいました。彼はいつも暗い顔をして、ひどい暴力をふるいました。クラスの子どもたちは、みんな彼を怖がっていました。あるとき、彼がまた暴れだしました。そこで、私はシュタイナーがすすめた方法を試してみたのです。

まず、彼がしたこと、私が見たことを、冷静に彼に伝えました。それだけで、彼がすぐに落ち着いたわけではありません。ほかの子どものせいにしたり、不平不満を並べたてたりして、落ち着くまでに長い時間がかかりました。

つぎの日、色エンピツの例と同じように、一つずつ記憶をたどって彼と話しあい、最後に、彼のしたことは悪いことだと伝えました。

彼が十二年生（シュタイナー学校は、日本の小学一年にあたる一年生から高校三年の十二年生まで）になったとき、次のようなできごとが起きました。同じクラスの女の子が、研究発表で「気質」をとりあげることに決めました。私が、あるシュタイナー幼稚園で気質について講演すると聞いた彼女は、いっしょに行きたいと言いだしました。私はその講演で、胆汁質の子どもについてとりあげ、乱暴で暴力をふるう子どもにどう対応したかを話しました。講演はぶじに終わり、帰りの車の中で、彼女が私の話に出てきた子どもは、同じクラスの彼ではないかと聞いてきました。私は少し迷ってから、「そうですよ」と答えました。

何日かたって、校舎内を歩いていた私の前に、大きなからだが立ちふさがりました。あの暴れんぼうだった男の子です。私が見上げると、彼はしたしげにあいさつをして「先生は気質についての講演をしましたか」とたずねました。私は「しましたよ」と答えながら、あの女の子に彼の名前を言ってしまったことをひどく後悔し、内心とても動揺していました。

「でも、講演であなたの名前は言ったりしていませんよ」とあわててつけくわえた私に、彼は落ち着いてこう言いました。「先生は、ぼくが最後に暴力をふるった日のことを覚えていますか」。私ははっきりとは覚えていなかったので、彼に教えてもらいました。彼によると、四年生になってからは暴れなくなったということでした。

彼は、話しあいの最後に、かならず私が口にした言葉が忘れられなかったと言うのです。「君は、もうそんなことをする必要はないんだよ」。彼は、その言葉をほぼ正確に覚えていました。私はとても驚き、彼が教えてくれたことを心から感謝しました。

それから彼は、私が担任だったころ、彼の気質を考慮したうえで、ある男の子を隣りの席に座らせたのか、と聞いてきました。私は「そうだよ」と答えました（当時、私のクラスには胆汁質の子どもが何人もいたので、彼と同じように胆汁質が極端に強く出ている子どもを、できるだけ彼の隣りに座らせるようにしていたのです）。

すると彼は、シュタイナーがすすめた方法にあったとおりの反応を示したのです。「彼の隣りの席は最悪でした。とても大変だったんです。彼のすることが、いつもがまんできませんでしたから」と。

他人の苦しみに気づかせる――憂鬱質の子ども

まず、シュタイナーの言葉を紹介しましょう。

「憂鬱質の子どもに対して、苦悩や痛みを忘れさせよう、なくしてやろうと考えてはいけません。なぜなら、苦悩や痛みは、憂鬱質の子どもの中に深く根づいているからです。教育者として憂鬱質の子どもに接するときは、この世にはかならず苦しみがあることを、はっきり示すことが大切です。

では、憂鬱質の子どものための魔法の言葉は何でしょう。多血質の子どもの魔法の言葉は『人を愛する力をはぐくむ』、胆汁質は『尊敬できる人物をもつ』でした。憂鬱質の子どもの場合は『親や教育者自身が、たくさんのつらい試練をのりこえてきた経験にもとづいて行動し、話をしていることをわからせる』ということです。

親や教育者も、自分自身で痛みや苦しみをのりこえてきたことを、子どもが感じる必要があるのです。機会を見つけて、できるだけ多くのつらく運命的な人生体験を、子どもに話してあげてください。

憂鬱質の子どもにとって最大の幸せは、たくさんのつらい試練をのりこえてきた人のもとで学べることです。そのようなふれあいをとおして、憂鬱質の子どもと先生とのあいだに、深いつながりが生まれます。

自分の殻に閉じこもって苦しむ傾向のある憂鬱質の子どもにとって、人生の痛みや苦しみを真剣に話してくれる人間がそばにいることが大切です。そうすればその子は、つらい話を聞きながら、深く同情することができるでしょう。そして、先生がその苦しみをのりこえてきた話をすれば、『そうか、苦しいからといって、いつまでもくよくよしていてはいけないんだ』と思いはじめます。

憂鬱質の子どもにとって、人生の苦しみをのりこえ、立派に生活しているおとながいることを知る体験は、何ものにもかえがたいめぐみに等しいのです」。

憂鬱質の子どもがつらそうにしているとき、子どもをおもしろがらせようとしたり、冗談を言ったり、「平気、平気、大丈夫」などと安易なはげましの言葉をかけたりすることは、決してプラスにはなりません。彼のつらい理由に耳を傾け、彼の苦しみを理解し、それをのりこえていけるように助けてあげましょう。

四年生のクラスで、じっさいに起きたできごとを紹介しましょう。胆汁質の子どもと憂鬱質の子どもが言いあいのけんかをはじめました。胆汁質の子どもが怒って、憂鬱質の子どものノートのはしを、「このくそったれ！」と言いながら折ってしまったのです。憂鬱質の子どもが泣きだしました。

私はすぐに、泣いている子どものそばに行きましたが、なかなか泣きやみません。何が起きたのか、その子にくわしく話してもらい、深い同情を示しました。ここで私がすべきことは、その子が苦しい状態から脱け出す手助けをすることです。

私は、もっとひどいできごとがあったことを、彼に話して聞かせることにしました。

「以前、ある男の子がカッとなって、隣りの子どものノートを一頁、びりびり破ってしまったこともあったんだよ」。

それまで悲しみにくれていた憂鬱質の子どもが、不意に私を見ました。かわいそうに、自分の大切なノートが破られたなんて、その子どもはどんなにつらかっただろう。泣いていた子どもは、私の話を聞いた瞬間、自分の苦しみから脱け出し、その子のことを思いやるようになったのです。

しかも「よかった。ぼくは幸運なほうだ」と、胸をなでおろしながら。

そのうえ、ノートにアイロンをかけて、折り目をめだたなくすればいいという、前向きな案まで浮かびました。私は、折り曲げてしまった子どもにアイロンをかけさせてはどうか、とすすめました。けれども憂鬱質の子どもはそれをことわり、自分でもとどおりに直したいと言いました。

憂鬱質の子どもはとてもきちょうめんです。胆汁質の子どもにアイロンをかけさせたところで、けっしてていねいにかけたりしないだろうと予測していたのです。

とうとう彼は、最高のアイデアを思いつきました。

「アイロンかけがいちばんうまい、ぼくのママにかけてもらうよ」。

こんな憂鬱質の子どもには、どう対応すればいいのでしょう。まず、シュタイナーの言葉を紹介しましょう。

「憂鬱質の子どもは、苦しむことのできる能力をもっています。その苦しみは彼の奥深くにあり、とりのぞくことはできません。しかし憂鬱質の子どもに、人間はどんなふうに苦しむかを見せることによって、自分の苦しみだけを見つめることから、ほかの人の苦しみへ、心の目を向けさせることができるのです」。

極端な憂鬱質の子どもについて、シュタイナーは次のように言っています。

「そのような子どもは、自分の悩みにしばられて、自分で自分を動けなくしてしまいます」。

つまり、憂鬱質の子どもは、自分で自分の前に障害を置き、そこから自分を動けないようにして、一人で苦しんでいるのです。しかも、その悩みから離れようとしません。自分の悩みにしがみつくだけで、悩みを解決しようとはまったく思わないのです。

このような子どもに対しては、笑わせようとするのではなく、折を見て、その子ども以外の人々や動物たちが、どれだけ大変な目にあっているか、話してやるといいでしょう。憂鬱質の長所である、ほかの人の身になって感じたり、ほかの人に同情したりすることによって、こりかたまっていた自分を解放することができ、閉じていた自分を開いていくことができるようになるのです。

シュタイナーは、次のように言っています。

「憂鬱質が苦しんでいるとき、ちゃかしたり、別のことで気をまぎれさせようとしむけたりすると、彼の中の苦しみはいっそう深まり、氷のように固くなります。無理に喜ばせたり楽しませたりしようとすると、その子はかえって自分の殻に閉じこもってしまいます。憂鬱質の子どもをはげまそうとして、愉快で陽気な人々を連れてくることは、まったくの逆効果なのです。

彼には、苦しみを体験させましょう。とても奇異に聞こえるかもしれませんが、憂鬱質には、いつも本当の障害や苦痛を体験させるのです。あるできごとに対して、深く悲しんだりする機会をたくさんつくってあげるのです。

自分の悩みの中に落ちこむのではなく、自分とは関係のないところで起きた苦しみを聞くことをとおして、思うぞんぶん悲しみを体験させてあげるのです。そうすればじょじょに、苦しみ以外にも目を向けるようになるでしょう。

その結果、憂鬱質の子どもは、少しずつ自分にないものを求めるようになります。

たとえば、低学年の場合、母親が亡くなったため、継母《ままはは》にいじめられてもくじけずにしんぼうし、最後には幸せになるグリム童話の「シンデレラ」のように、どんなに悲しくてもくじけずに、自分の道を切り開いていく登場人物を体験できることは、大切なことです。

学年が上の子どもに対しては、過酷な運命に打ちのめされても、多くの障害を克服し、深い苦しみをのりこえていく人物の話をするといいでしょう。中学生以上になったら、さまざまな偉人伝を読ませることが重要です。

こういったとりくみをとおして、みずからの殻に閉じこもってばかりいた憂鬱質の子どもの目が、外の世界に向かって開かれていくのです。

憂鬱質の子どもの中には、自分は特別だと感じている子どもがいます。そのような子どもたちは、授業中、ほかの子どもが絶対にわからないような問いに、手をあげて答えます。自分はほかの子どもよりも、精神年齢が上だと思っているのです。ほかの子どもよりていねいで完璧なノートをつくり、優等生をめざす傾向があります。そのため、ほかの子どもを心の中で軽蔑する傾向があります。

このような子どもには、ほかの子どもがもっているすばらしい長所に目を向けさせるようにしましょう。そして、級友を助けることができる機会をたくさんつくるといいでしょう。なぜなら、ほかの子どもはいろいろなものをおたがいに貸し借りしているのに、憂鬱質の子どもは、たとえば自分の消しゴムは誰にも貸さないといった、自己中心的な傾向があるからです。ほかの子どもを助けられるようになると、自分の殻に閉じこもって悩んでばかりいる状態から解放されます。

たくさんの子どもと遊ぶ——粘液質の子ども

粘液質の子どもは、親や教育者に何を期待しているのでしょう。この問いには、「何も期待していない」と、すぐに答えなければいけません。これは冗談ではなく、本当にそうなのです。彼らはいつも、そっとしておいてほしいと思っています。いつものんびりしていたいのです。だからといって、望みどおりにしてやったのでは、粘液質の子どもの成長に必要な教育的なとりくみを、放棄することになってしまいます。

シュタイナーは、粘液質の子どもについて、次のように言っています。

「粘液質の子どもにうまく働きかけるのは、とてもむずかしいことです。しかし、たった一つだけ、いい方法があります。逆に、決してしてはいけないことは、いつもおだやかでのんびりしている子どもを無理やりゆさぶり起こすように、何らかの内容を強引にたたきこむような教え方をすることです。

粘液質の子どもの身になって、どうすればいいか考えてみましょう。

粘液質の子どもが変われるきっかけが、一つあります。それは粘液質の子どもです。自分の隣りにも、自分と同じように何もしない生徒が座っていたら、いつかは自分でも、どうしようもないくらい退屈になってしまうのです。そして自分にない気質を求めはじめます。たとえば、急に先生に質問するようになるのです。このように、粘液質の子どもが隣りに座ることで、粘液質の生徒は変わっていこうとします。

さらに粘液質の子どもにとって大切なのは、たくさんの子どもと遊ぶことです。多くの子どもと遊ぶことは、どんな子どもにもよい影響を与えますが、とりわけ粘液質の子どもには、その効果が大きいのです。このとき、いろいろな興味をもっている子どもと遊ぶことが大切です。粘液質の子どもは、物には興味をもちませんが、人には興味をもてるのです。だからこそ、多くの同年代の子どもたちとつきあう必要があるのです。

粘液質の子どもは、まわりの子どもたちがもっている興味に対して、興味を示すようになるのです。まるで奇跡でも起きるように、ほかの子どもたちのもつ興味が、粘液質の子どもの興味を引き出していきます。遊びをとおしてほかの子どもの興味を体験すると、粘液質の子どもの中でも、自分の興味がめざめていきます。これは憂鬱質の子どもに、他人の運命に対する深い同情を抱かせるのと同じように、粘液質の子どもにとって、重要な教育的とりくみなのです。

遊び友だちのもつ興味が、粘液質の子どもの興味をめざめさせる。これが粘液質の子どもにとって望ましい教育です。多血質の子どもが、依存できる他者を必要とするように、粘液質の子どもには、できるだけたくさんの同じ年ごろの遊び仲間が必要です。これが彼の隠れた能力をめざめさせる、ただ一つの方法なのです。

学校での授業内容や家庭で起きるものごとに、粘液質の子どもがはっきり興味を示すことはありません。しかし、同じ年ごろの子どもたちがいだく興味をとおして、粘液質の子どもは自分の興味をめざめさせていきます。ほかの子どもの心の中に、興味をもって映し出されているものが、粘液質の子どもの心の中にも興味として映し出されるのです。

ときには粘液質の子どもに、思いきりのんびりできることや、退屈になれることをさせてみるのもいいでしょう。誰にも邪魔されず、思うぞんぶんのんびりできれば、粘液質の子どもはとても満足し、ちがう要素を自分の中に求めはじめます」。

では、粘液質の子どもは、教育者に何を望んでいるのでしょうか。もうおわかりですね。粘液質の子どもは、多様な興味や喜びを見つけだすための手伝いを、私たちにしてほしいと思っているのです。

粘液質の子どものためのこういったとりくみは、休み時間や放課後でもできます。では先生は、粘液質の子どもとどのように向きあえばいいのでしょう。シュタイナーは、次のように言っています。

「みなさんが何に対しても無関心でいられることをおもしろく感じたら、みなさんにとって、粘液質の子どもはとても興味ぶかい対象になるでしょう。しかし、興味があることを彼に悟られないようにしましょう。彼に対して無関心なふりをするのです。ちょうど自分を二つに分裂させるような感じです。心の中では彼にとても興味があるのに、外見上は完全な無関心を装うのです。彼が先生に興味を示さないのと同じように、先生も彼に興味を示さなければ、いつかは彼自身も無関心ではいられなくなります。このようにすると、粘液質も何かに興味をもちはじめるのです」。

私が先生をしていたとき、このシュタイナーの言葉を実感させられるようなできごとがありました。クラスでお話をしたときのことです。粘液質の子どもは、いつも夢でも見ているような目をして、じっと座って、ぼんやり私の話を聞いていました。

その子の席は、教室の前よりの窓側です。私はそばに行って、その子の目をのぞきこみました。彼はハッとして、夢からさめたような顔をしました。それからというもの、今度は私をじっと見ています。かんじんの話を聞くことを忘れて、私を「見る」ことだけに集中しているようです。私との見つめあいのはじまりです。「先生がぼくを見てる……だったら、ぼくも先生を見よう」という感じで、粘液質の子どもたちは目と目で遊びあうことができるのです。

この体験から、注視することは、彼にとってまったく意味がないことがわかりました。むしろ、授業中は彼にいっさい注目しないほうがいいのです。授業中に粘液質の子どもを何度も見たり、にらんだりせず、表面上は無関心を装うのです。

しかし心の中では、強く彼を意識します。実際に話しかけたり注意したりせず、心の中でいつも彼に注目するのです。これは、赤ちゃんとお母さんの関係に似ています。お母さんは町で買いものをしているときも、いつも赤ちゃんのことを意識しています。どれだけ多くの外的な刺激を受けても、赤ちゃんのことは決して忘れないものです。これは容易なことではありませんが、練習すれば私たちにもできるようになります。

では、粘液質の子どもには、どう働きかけたらいいのでしょう。シュタイナーは次のように言っています。まず学校でのとりくみです。

「一見、無意味に見えますが、次の方法には粘液質をめざめさせる効果があります。前のほうに座っている粘液質のグループのところへ何度も足を運び（彼らはだいたい口を閉じて座っています）、通りすぎるときに次のようなことをします（シュタイナーは、カギのたばを机の上に落としていました）。軽いショックを受けることによって、子どもたちはびっくりして口をあけます。彼らはショックを受けると、その後、五分間は授業に集中します。

外側から働きかけることによって、彼らのやる気を引き出すのです。口をあければ、彼らがめざめたことがわかります。口を閉じているとき、彼らはぼんやりしていることが多いのです。このような対応をつづければ、教育的な効果が期待できるでしょう。

あきらめず、しんぼうづよく、忍耐づよく粘液質の子どもたちに働きかけていけば、多くの教育的な成果を得られるにちがいありません」。

家庭でのとりくみとして、シュタイナーは次のように言っています。

「粘液質の子どもは、朝、早めに起こし、なるべく早く登校するように親が働きかければ、教育的な効果はさらに高まります。そうすれば、それまでよりもずっとめざめた状態で授業に参加できるようになるでしょう」。

「粘液質の子どもにとって大切なことは、のんびりしたここちよい状態を、いつまでもつづけさせないようにすることです。のんびりしていられない状況をこちらからつくり、自分から何かをしなければいけないようにしむけるのです」。

粘液質の子どもの、習慣化している日々の生活に、新しい変化を加えるように心がけましょう。いつも同じことのくりかえしにならないよう、新たな状況をつくるようにするといいでしょう。そうすれば、彼らは、いつも同じようにのんびりすごしていられなくなります。

親や先生といった教育にたずさわる人のなかでも、とくに先生は四つの気質をかねそなえることを学ぶ必要があることが、おわかりいただけましたか。これは簡単なことではありませんが、とてもやりがいのある課題です。子どものために、先生自身がみずからの気質のかたよりを克服していくことは、両者にとって大きな恵みをもたらします。もちろん、それは長い年月をかけた、大きなとりくみになるでしょう。

第6章　気質にあわせた教え方――シュタイナー教育のとりくみ 2

気質にあわせたお話の効果

シュタイナー学校では、エポック授業という独特の授業が行なわれます。この授業では、二週間から四週間にわたって、毎朝二時間、一つの教科を担任の先生が集中的にとりあげます。このエポック授業の終わりに、先生がいろいろなお話をします。一年生はメルヘン、二年生は動物寓《ぐう》話《わ》と聖人伝説、三年生は旧約聖書、四、五年生は神話や伝説、そして六、七、八年生では歴史的な事実をとりあげます。

そんなときも、先生は子どもたちの気質を重視します。では、どんなふうに話すのでしょう。先生の気質によって、話し方は異なります。胆汁質の先生は、スリル満点でダイナミックな話し方をするでしょう。劇的な場面では、いきなり声が大きくなります。表情も豊かで、まるで俳優を見ているようです。

いっぽう、粘液質の先生は、とてもゆっくり話します。文と文のあいだに、たっぷり間《ま》をとるのです。劇的な話し方をすることはありません。いつも静かに、淡々と話します。いろりばたでおばあさんの話を聞いているような感じです。

ここではとくに対照的な例をあげましたが、このどちらの話し方でも、さまざまな気質をもったすべての子どもを満足させることはできません。シュタイナーは、四つの気質すべてが満足するような話し方を見つけました。それは、ある場面では胆汁質の子どものためにダイナミックに話し、別の場面では粘液質の子どものために静かに淡々と話すというように、気質ごとに話し分けるというものです。憂鬱質、多血質についても同様にとりくみます。

この話し方が子どもにもたらす作用について、具体的に見ていきましょう。たとえば北欧神話には、多くの乱暴な巨人が登場し争います。その格闘シーンを、先生が迫力あるやや大きめの声で話すと、胆汁質の子どもは喜びますが、そのいっぽうで自分自身を鏡で見るような気持ちになり、無意識に自分のかたよった気質を治していこうとします。ほかの三つの気質にとっても、それぞれにふさわしい箇所で、同じことが起きるのです。

それでは、四つの気質別のお話のしかたについて、シュタイナーの言葉を見てみましょう。

「教育者は、それぞれの子どもの気質にふさわしい話し方ができる能力を、身につけなければいけません。粘液質の子どもを受け持ったときは、先生自身の気質がまったく粘液質的ではなかったとしても、粘液質のようにおだやかで静かな態度で、その子どもにお話をするのです。多血質の子どもは、興味が次から次へとすぐに移りかわります。先生が多血質でなかったとしても、その生徒よりすばやく、たくさんのできごとを次々に話すようにするのです。胆汁質の子どものためには、できるだけ力づよく話します。自分の先生がいつも堂々と自分の前に立っていれば、胆汁質の子どもは、いつも自分を鏡で見ているような状態になり、自分がもっている胆汁質のかたよりが治っていくのです」。

このシュタイナーの言葉をもとに、よりわかりやすく整理しましょう。

優しく、問いかけるように――憂鬱質の子どものために

お話の中で、あたたかくやさしい雰囲気をつくります。子どもがこまかい部分まではっきり想像できるよう、くわしく話していきましょう。このとき、子どもの関心が外に広がるように心がけましょう。

お話をしながら、彼らが判断できそうな質問をしてもいいでしょう。自分にとって共感しやすい悲劇的、運命的な場面では、憂鬱質の子どもはまさに自分のことを語られているかのように、お話に集中します。

内容について子どもが深く考えることができるよう、問いかけるような表現をたくさんとりいれるといいでしょう。多少複雑な表現をしてもかまいません。彼らは複雑な表現が大好きです。むずかしくて長い文章や熟語を使うと喜びます。語り手の言葉に迫力は必要ですが、大声で話し

てはいけません。

具体的に、目を見て――多血質の子どものために

大切なのは、こまかい部分までくわしく話すことです。たとえば、お姫さまのドレスはどんな色で、ダイヤやルビーは何個、エメラルドは何個ちりばめられていて、星のようにきらきら輝き、ガラスの靴には……というぐあいです。できるだけくわしく、ことこまかに話しましょう。流暢な話し方で、テンポは少し速くてもいいでしょう。

聞くだけでなく、ときには何か見せたりさわらせたりすると、子どもはとても集中して聞くでしょう。お話のあいだに、短い休憩を入れてもいいでしょう、そうすることで、「つづきはどうなるのかな？」とおのずから興味が生まれます。話を再開したとき、子どもがとても関心をもって聞くようになるでしょう。

お話をするとき、目をよく見て話すと、多血質の子どもはそのあいだじゅう関心を示します。また、王様は、ウマと、ウサギと、小さなカエルと、というように、それぞれの言葉を区切って話すと、早い川の流れのようにいきいきしたお話を展開させることができます。

ゆっくりと、間をとって――粘液質の子どものために

静かで淡々とした話し方をします。同じ言葉をくりかえし、ゆったりした口調で話しましょう。

話すときにはたっぷり間をとります。とくにお話の中で重要な言葉が出てきたときは、より意識的に間をとるといいでしょう。そうすれば、子どもはその様子をじっくり想像できるからです。王子さまはどうなるのかな……きっと引きかえすんだろうな……そうか……引きかえさないんだ、というような具合に、子どもがゆっくり想像できるようにしたいものです。

間をとることには、驚くほど大きな効果があります。粘液質の子どもたちの興味や関心を呼びさます力が強いのです。じゅうぶん間をとって、彼らが自分の考えにゆっくりひたれる機会をつくってあげてください。

粘液質の子どもにお話をするときは、お話をとおして、新たなものへの多様な興味や関心を、できるだけ多く子どもから引き出すよう、いつも意識することが大切です。

短く、ドラマチックに——胆汁質の子どものために

短く単刀直入な、こまぎれの話し方をしましょう。文末は感嘆符でしめくくるといいでしょう。そうすればドラマチックな雰囲気になり、子どもは集中して聞くようになります。シュタイナーは、この話し方を「地面にくいを打ちこむように」と表現しました。

ここで重要なのは、短い文、会話文、命令文、感嘆文、そして現在形で話すことです。また、動詞を強調します。文頭は、力づよく話しはじめてください。強く、硬く、鋭い言葉を選びます。時と場合に応じて、背筋がぞくぞくするような抑えた口調で話したり、支配者のように大きな声

で話したりしましょう。

とくに胆汁質の傾向が強い子どもについて、シュタイナーは次のように話しています。

「乱暴な子どもの場合、先生はその子が夢中になるようなお話を自分で考えて、話して聞かせるといいでしょう。たとえば、暴れんぼうの男の子が、誰かと大げんかしたといった内容を、実際に起きたことのように話すのです。

このときは、できるだけ感情豊かに話しましょう。その男の子がどれほど乱暴で、どんなことをして、誰ととっくみあいになってと、胆汁質の子どもがほかの胆汁質の行動をしっかり想像できるよう、迫力たっぷりに話します。

そうすることによって、彼はほかの胆汁質のいやな部分に気づき、自分の考えをあらためる力をつけていきます。この考えをあらためる力が、何かを理解しようとする力に変わっていくのです。

このような方法でなければ、胆汁質の子どもは、自分が学ぶべき内容を聞く前から拒否し、まったく受け入れようとしません。まるで心の中で、『いやだ』と暴れているようです。しかし、このようなお話を聞いたあとは、何かを理解したいという気持ちが、彼らの心の中にわいてくるのです」。

ここで、次のことに注意してください。胆汁質の子どもは、ものごとをすばやく理解できない場合、落ち着きを失ってしまうことがあります。そして、怒りを爆発させるのです。そうならないよう、胆汁質の子どものために大げんかになるお話をつくり、その中で、彼らに本当に勇敢な行ないとは何かを考えさせるようにするのです。

豊かなお話の世界――コロンブスの新大陸発見

四つの気質に対応する話し方に共通する重要なポイントは、できるだけ多様な表現をとりいれることです。声を大きくしたり、小さくしたり、明るくしたり、暗くしたり、ゆっくり話したり、速く話したり、緊張感をただよわせたり、リラックスした口調で話したりというように、いろいろなくふうが考えられます。

わかりやすい例をご紹介しましょう。

シュタイナー学校では、七年生になると、授業でコロンブスをとりあげます。コロンブスがアメリカに到達するまでの、新大陸発見のお話です。このお話をもとに、気質ごとにどんな話し方のくふうができるか、くわしく見ていきます。

お話は、ポルトガルのパロスという港を、船が出港する場面からはじまります。この場面は、多血質が喜ぶように、港にあるいろいろなものに注目して、一つひとつ説明することができます。港ですから、さまざまなものが見えたり聞こえたりするはずです。さあ、一四九二年の、にぎやかな港町に行きましょう。

にぎやかな港——多血質の子どものために

日の出のかがやきとともに、朝がきました。港は、たくさんの人でごったがえしています。男の人、女の人、子どもたち、愉快に歌う人、貴族たち、王や女王の姿まで見えます。みんな船を見送りにきたのです。勇ましい男たちが大勢います。その隣りにコロンブスが立っています。彼らに最終的な指示を出しているところです。

大きなたるが運ばれてきました。中には、ワインがたっぷり入っています。水も、大量にもっていかなければいけません。食糧も必要です。穀物、パン、野菜、果物、ナッツ、甘いお菓子。長い旅なので、どれもたくさん必要です。

さあ、船員が帆をあげました。準備万端、整いました。

いろいろな声が聞こえてきます。カモメも鳴いています。泣いている子どももいます。車輪がぎしぎしきしみ、ごろごろ転がっています。鎖がじゃらじゃら鳴り、マストはばたばたと音をたて、かんかんクギを打つ音、どしどし足ぶみする音、ごろごろ、ばたばた、大変なさわぎです。

あっ、男の子が一人、海に落ちてしまいました。ぼんやりしていたのでしょう。船員が海に飛びこんで、助けてくれました。よかった。無事です。

それぞれ三本の帆柱が立つ大きな帆船《はんせん》が、三艘浮かんでいます。

「お母さん、ぼくもいっしょに行きたいよ」。

小さな男の子が、お母さんに言っています。お母さんは、にこにこ笑って見ています。船首に名前がついています。「サンタマリア」「ニナ」「ピンタ」です。船員たちは、家族と最後のお別れをしています。元気で戻ることができるでしょうか。涙をぽろぽろ流して別れを惜しむ女の人がたくさん見えます。船員に優しい言葉をかけている男の人たちもいます。

全員、甲板《かんぱん》に乗りこみました。最後に乗るのはコロンブスです。たくさんの拍手を浴びて、いさましく乗りこんでいきました。

「出発！」。

大きな号令とともに、船が出港します。帆が風にはためいています。船はゆっくり進みはじめ、見送る人々の前からしだいに遠ざかっていきました。

見わたすかぎりの海——粘液質の子どものために

何日もかけて、船は大海原のまんなかにやってきました。どこを見ても海ばかり。退屈な光景です。しまいに、海がないでしまいました。粘液質にとって、絶好のシーンです。見わたすかぎりの海。明けても暮れても、見えるのは水と波だけ。船員たちは、昼夜を問わず寝ています。

聞こえるのは、ぱちゃぱちゃ船首をうつ波の音。三六〇度、どこを見ても同じ景色。聞こえる音まで同じです。船が通ったあとに広がる波の模様も、いつも同じ波、同じ形で、見ているうちに眠くなってしまいます。

何日かたつと、風はいよいよ弱くなりました。帆がたれかかっています。とうとう風が完全にやみ、船は動かなくなってしまいました。船員はハンモックに横になり、ごろごろしています。あくびをしながら体を伸ばし、眠ってしまいました。

水は古くなって、飲めなくなってしまいました。お菓子も古くなりました。ウジがわいて食べられません。新しいものは何もありません。船員たちは疲れ、やる気をなくしています。

「風がなければ帆もあげられない」。

「先に進めない」。

心配になり、口々に不平不満を言いはじめます。

ところが、コロンブスは落ち着いています。とても落ち着いています。

「待つんだ」。

風はかならず吹くはずです。

三日後のことです。

「風だ」。

船員の一人が叫びました。船は、ふたたび走りだします。眠りこけていた男たちが、やっと起きあがりました。

船員たちの秘密の会議——胆汁質の子どものために

船員たちの不満の声は、日ましに大きくなっていきます。陸から遠く離れてしまいました。風は西に向かって吹いています。故郷に帰れる日は、本当に来るのでしょうか。二艘目の船では、今にも反乱が起きそうです。誰にも見つからないように、男たちがひそかに話しあっているのです。コロンブスは二艘目の船にいます。

いよいよ緊張感あふれる場面にさしかかります。劇的な話し方が必要です。胆汁質の子どもなら、誰もが夢中になる場面です。

みんなが寝静まる夜、男たちがひそかに相談しています。秘密の会議です。みんなを呼ぶカルロスの声が聞こえます。

「おい、こっちだ。早く来い！」。

「みんな集まったか？　セバスティアン、お前はむこうを見はってくれ。誰か来るかもしれない。わかったか！　みんな聞いてくれ。おれたちは故郷から遠く離れてしまった。これ以上、遠くには行けない！　風は西に向かって吹きつづけている！　おれたちはどんどん離れていく。コロンブスはまちがっている！　家族に二度と会えないかもしれないんだぞ！　お前たちは家族に会いたくないのか？」。

もう一人が言います。

「そうだ！　そのとおりだ！　おれたちはすぐにでも何とかしないといけない。食糧も少なくなった！　水も腐ってしまった！　カルロス、いったいどうしたらいいんだ！」。

「暴動を起こすんだ！　たとえ死刑になっても！」。

そのとき、セバスティアンが注意しました。

「静かにしろ！　コロンブスの義兄がやってきた。あいつだけはコロンブスの味方だ。いますぐ解散しよう！　みんな、このことは誰にももらすなよ！　真夜中になったら、また集まろう！」。

あたりは静まりかえっています。みんなおし黙ったままです。緊迫した状況で、時だけがすぎていきます。

やっと真夜中になりました。ふたたびみんながこっそり集まってきました。ディエゴがカルロスに迫ります。

「いったいどんな計画をたてたんだ！」。

「二艘の船で引き返すんだ！　お前が一艘ひきうけろ。おれはピンタをひきうける！　帰りたくないやつだけ、サンタマリアで先に進め！」。

「コロンブスを捕まえて、帆柱にしばりつけよう！」。

もう一人が言います。

「だめだ。そんなことをしたら、絶対ポルトガルには帰れない。刑罰が待っている！」。

「おれはやらないぞ！」。

「やらなきゃだめだ！　うらぎりもの！」。

ディエゴは、反対する男にナイフを向けました。殴りあいのけんかがはじまります。

「やめろよ！　おれたちはどうすれば……」。

一人が言いかけたとき、突然、コロンブスがみんなの前に立ちはだかったのです。

「いったい何をしているんだ」。

感情を抑えた厳しい口調で、冷静にたずねます。

「お前たちはどうして寝ないんだ？　解散しろ！　みんなベッドに戻れ！　カルロス、お前には話がある！」。

セバスティアンのせいだ！　あいつがちゃんと見はってさえいたら……。もう終わりです。男たちは解散します。計画はだいなしになりました。

コロンブスは、自分の目標に向かいます。インドに向かう航路へ！　西に向かって！

思い悩むコロンブス――憂鬱質の子どものために

二日たっても、陸地は見えません。コロンブスは、自分の船室にこもり、たった一人で思い悩んでいます。じっと座っていると、絶望と後悔の念がおしよせてきます。

この場面は、憂鬱質の子どもに好影響を与える場面です。新大陸発見という偉大な歴史を刻んだコロンブスが、自分の船室の中で深く考えこんでいます。本当にこの航海は正しかったのか、自分自身に問いただしているのです。

「私がやろうとしたことはまちがいだったのだろうか？　いったい何がまちがっていたのだろう。

もしも私たちの船が、ポルトガルからすでに遠く離れていることを船員たちが知ったら、もっと早く暴動が起きていたのだろうか？」。

コロンブスは、悩み続けます。

「インド大陸を見つけ、航海を無事に終えることができるのだろうか？　もちろんそうだ。地球は丸い。疑う余地はない。正確に西に向かっているし、星がきちんと導いてくれる。北極星はいつも真北を示しているから、その位置をもとにして進むべき方角をわりだせる。なのに、私は何かまちがったのだろうか。

いや、私はまちがってなどいない。西に向かう正しいコースを進んでいる。しかし、食糧や水の状態は日ごとに悪化している。野菜や果物はとても食べられない。頼りの穀物にもかぎりがある。陸地はまだ見えない」。

最後に、コロンブスの内なる声が、彼に、「すべてはお前の忍耐づよさにかかっている」と語りかけます。今はしんぼうづよく耐えるしかない。神と自分自身を信頼するのだ。それ以外に助かる方法はない。

しかし、船員たちをどうしたらいいのだろう？　彼らには自信に満ちた見本が必要だ。私が見本になるしかない。コロンブスは決意しました。

四つの気質に対応する

一四九二年の八月一一日、サンサルバドルに到着します。ここで四つの気質を登場させます。多血質の生徒には、船員たちが先住民に出会った場面をいきいきと語ります。先住民から、見たことのないあいさつをされて驚いたり、笑いころげたりしている船員たちの様子を、おもしろおかしく表現してください。同時に、自分たちがふたたび陸地に立てた喜びも表現しましょう。

憂鬱質の子どもには、コロンブスが船員たちに心から感謝する場面を話し、みんなが感動にむせび泣いている様子を伝えます。コロンブスは、とうとう運命に導かれました。地球は、やはり丸かったのです。

胆汁質には、少し脚色して、勝利をおさめたかのような彼らの様子を話すといいでしょう。降り立った地面に、この大陸は自分のものだと宣言するように、彼らは自分の国の旗を誇らしげに立てました。

粘液質には、幸せな気持ちと、ほっとした雰囲気を伝えます。危険をのりこえ、目的をはたしたのです。おいしい食事と飲みものが待っています。これからは好きなだけ飲み食いできます。祝いの宴はとても楽しくすぎていき、何日かゆっくり休養をとることができました。

子どもにお話をくりかえさせる

気質を調和させるうえで、さらに効果的な試みを紹介しましょう。話して聞かせた翌日か翌々日、子どもにお話をくりかえさせるのです。この場合、どの気質がどの場面を話せばいいでしょう。

胆汁質の子どもには、緊迫する秘密の会議の場面ではなく、見わたすかぎり海また海の、退屈なかぎの場面など、粘液質的な場面を話させるのです。いっぽう粘液質には、秘密の会議の場面を話させることによって、ドラマチックな状況に身を置かせます。憂鬱質の子どもには、いろいろな情景が出てくる出航のシーンを語らせます。自分から世界に向かって出て行かなければいけないからです。逆に多血質には、コロンブスが一人で考えごとにふける場面を語らせます。落ち着きのない多血質に、よい作用をもたらすからです。

つまり、話すことをとおして、自分の気質からいちばん遠い気質を体験させるのです。その場合、積極的に想像力を働かせなければなりません。お話を一方的に聞いているときとは、立場がまったく違います。自分からいちばん遠い気質を積極的に話し、体験することによって、自分にない気質が生まれ、子どもの気質全体に調和がもたらされるのです。

気質にあわせた計算のしかた

計算と気質とのあいだには関係があると言われても、すぐに納得できる方は少ないかもしれません。でも、計算のしかたには、四つの気質の特徴がはっきり反映されるのです。具体的な例として、シュタイナーが考案した一年生の算数の授業を紹介しましょう。

まず、それぞれの気質にあわせた、たし算、ひき算、かけ算、わり算の学び方から見ていきます。

ひき算――憂鬱質

何かがなくなったり、少なくなったりすることがテーマになります。これは憂鬱質の子どもがいつも心の中で感じていることではないでしょうか。

わり算――胆汁質

頭にきたら、木の棒でも、エンピツでも、手近なものをまっぷたつにわってしまう胆汁質の子どもには、わり算がぴったりです。

かけ算――多血質

かけ算をすると、たし算で同じ数を計算するより大きな数が生まれます。3と9の場合、たすと12になりますが、かけるとさらに大きくなります（3×9＝27）。これは、多血質が大喜びするでしょう。なぜなら、少なかったものがいきなり多くなるからです。ささいなできごとを大事件のように話す、多血質の子どもにぴったりの計算です。

たし算——粘液質

たし算が粘液質的であることを理解するには、シュタイナー学校のたし算の方法を知らなければなりません。シュタイナー学校では、一般的なたし算のように3＋4＝7と計算するのではなく、7＝3＋4というように計算するのです。このようなたし算をする場合、生徒は自分から積極的になる必要があります。自分でつねに新しい可能性を考えなければなりません。これが、子どもたちの興味や創造的な力をめざめさせるのです。最初はクリなど具体的なものを使って、この課題にとりくみます。慣れてからは、純粋に数字を使って計算させます。

二つの気質にとりくませる

シュタイナーは、それぞれの計算を、二つの気質にとりくませることをすすめています。たとえば、次のような方法です。

たし算　粘液質には、全体をいくつかの部分にわけさせます（12＝？＋？＋？）。
反対の気質である胆汁質には、逆の計算をさせます（部分から全体をつくります。
3＋4＋5＝？）。

ひき算　憂鬱質には、結果から計算させます（7＝12－？）。

多血質（反対の気質）には、逆の計算をさせます（12－5＝？）。

かけ算

まず、多血質に質問します。

「3は12の中にいくつ含まれますか？」。答えは「四つ」。

数式では12＝3×？となります。

憂鬱質には、この直後に、次のように聞いてじっくり考えさせます。

「それでは、4は12の中にいくつ含まれますか」。答えは「三つ」。

数式では12＝4×？

わり算

胆汁質には、次のように質問します。

「4を三つ含むのはどの数ですか」。

数式では4＝？÷3、？＝4×3。

シュタイナーは、この計算のしかたを、「かけ算のように見えるわり算」と表現しました。このわり算は、胆汁質にいい刺激になります。

粘液質には、胆汁質とは逆に、通常のわり算をさせます。

数式では12÷4＝？

もちろんどの計算も、基本的にすべての子どもにさせます。計算することは、どの気質の生徒にとっても好ましいことです。しかも、筆算ではなく暗算で計算すると、子どもの頭がより活発になってきます。それでは、具体的な例をもとに、計算と気質の関係を見ていきましょう。

結果からはじまる計算の効果

まず、たし算を見てみましょう。粘液質の子どもにさせるたし算は、12という結果からはじまります。結果が12になるたし算の方法は、たくさんあります。このような計算なら、粘液質だけでなく、計算の苦手な子にもついていけるでしょう。なぜなら、12＝11＋1という簡単な答えも考えられるからです。それでは簡単すぎると思う子は、12＝3＋4＋5という答えを導き出すかもしれません。

なかには計算の途中で12を超える生徒もいて、最後にひき算を加えたりする場合さえあるのです（12＝4＋5＋6－3）。このように、結果から計算をはじめると、いろいろな可能性が考えられるため、子どもが創造的になるのです。

もちろんひき算でも同じようにできます。5＝？－？という問題に対して、ある子どもは5＝6－1と計算し、計算の得意な子どもは5＝20－9－6と計算しました。二年生のときに、この問題を4桁からはじめた子どももいました（5＝1000－186－284……）。

いっぽう、8－5＝？というような問題だと、答えは一つしかありません。これではあまりに退屈です。

かけ算ではどうでしょう。12＝？×？という問題の場合、12＝３×４や12＝２×６という式が考えられますが、そんなに多くは考えられません。

ところが、わり算になると、たくさんの可能性が出てきます。ある程度、じょうずに計算できるようになった子は、次のような計算をはじめます。たとえば、３＝？÷？という問題の場合、答えは、３＝12÷４、３＝18÷６、３＝27÷９などが考えられます。

結果からはじまる計算の方法は、子どもに自由を与え、創造力を活発にさせます。どの生徒も、それぞれの能力にあった答えを出すことができるからです。通常の計算では、答えは一つしかありません。もちろんそのやり方も、できなければいけません。

このように、それぞれの気質にあわせた計算をしていくと、その両方（結果からはじまる創造的なやりかたと通常のやり方）の計算能力を養うことができるのです。

子どもの気質と席の配置

席の配置を決めるとき、気質を配慮すると、人間関係がずっとうまくいくようになります。学校を例に、具体的に見てみましょう。

シュタイナーは、それぞれの気質の子どもにとって、いちばん望ましい席順を決めるよう、くりかえし注意しています。では、いったいどの気質を隣りに座らせればよいのでしょうか。誰と誰が並ぶと、おたがいによい影響を与えあえるのでしょうか。

おそらく「まったく正反対の気質を、隣りあわせに座らせればいいのではないか」と思う人が多いのではないでしょうか。つまり「胆汁質」の子どもが、「粘液質」の子どもの隣りに座るということです。では、「胆汁質」の子どもは、多すぎる「胆汁」の気質を、「粘液質」の子どもの隣りで緩和させることができるでしょうか。

授業中の様子を思い浮かべてください。生徒たちは、黒板をノートに書き写しています。さあ、先生が筆記用具を片づけるように言いました。次は、お話の時間だからです。

マイペースな粘液質と、自己中心的な胆汁質

胆汁質は、先生の指示にどのように反応するでしょうか。「やった。お話の時間だ」。ぱっとランドセルをあけて、ノートをしまいます。筆箱も。あ、机の上に、クレヨンがまだ残っています。でも、もう筆箱はあけません。クレヨンは、そのままランドセルにいれました。これで全部かたづいた。さあ、お話だ！

となりでは、粘液質の子どもが、まだ黒板を書き写しています。のんびり、ゆっくり、マイペースです。先生が「筆記用具をしまいなさい」と言った声も聞こえませんでした。ゆったり書き写しながら、時間がどんどんすぎていきます。

その様子に気づいた瞬間、胆汁質の子どもはいったいどうするでしょう。のんびりしたペースをくずさない粘液質の子どもの態度に感動するでしょうか。いっしょにゆっくりできるでしょうか。おだやかでマイペースなふるまいを学べるでしょうか。

彼の前には、お話を聞くという新たな目標があります。いままさに、その目標が妨害されているのです。

「いったいいつまで書いているんだ！」。

隣りの子どものノートをとりあげ、目の前でランドセルにつっこみます。筆箱もつっこみます。さあ、やっとお話だ！

このとき、粘液質の子どもはいったいどんな気持ちでしょうか。こんなことをされて、彼はいい気持ちになるでしょうか。のんびり黒板を写していた粘液質の子どもにとって、胆汁質の子どものふるまいは、手伝ってくれたのではなく、邪魔をされたのと同じです。こんな目にあって、胆汁質の子どものようになりたいと思うでしょうか。おっとりした粘液質的な傾向が緩和されるでしょうか。

おわかりのとおり、絶対に無理です。しかもこの場合、粘液質の子どもにとっての負担が大きすぎて、気質を調和させることなど、とうていできないでしょう。じっとがまんしていないと、胆汁質の子どもの攻撃には耐えられません。だから、いよいよ静かになってしまいます。

この例から、胆汁質の隣りに粘液質を座らせることは、それぞれの気質を調和させるのにプラスにはならないことがわかります。

乱暴な胆汁質と、泣き虫の憂鬱質

では、胆汁質の隣りに、憂鬱質が座ったらどうでしょう。胆汁質の子どもは、先生の言葉を聞き、すぐにランドセルをあけてかたづけはじめます。あ、勢いがよすぎて、隣りの憂鬱質の子どもにぶつかってしまいました。憂鬱質の子どもは、顔をくしゃくしゃにして痛みを訴えます。胆汁質の子どもは、そんな憂鬱質の態度が、がまんできません。

「わざとしたわけでもないのに、めそめそするな、泣き虫！」。

この胆汁質の乱暴な言いように、憂鬱質の子どもが泣きだしてしまいました。隣りの子どもが怖くて不安になり、自分の殻に閉じこもってしまいます。

胆汁質には、そんな憂鬱質の態度が理解できません。もちろん、いつもきちんと整理されている彼のノートについては、たとえ口には出さなくても、感心することはあります。だからといって、彼を見習おうなんてまったく思いません。

このとき、憂鬱質の子どものなかでは、いったいどんなことが起きていたのでしょうか。

「またあの子がぶつかった」。

「いつもぶつかるんだ」。

「もうちょっと気をつけてくれればいいのに」。

「なんでいつも、ぼくにひどいことを言うんだろう」。

「あの子のことが怖いって、今日、ママに言わないといけない」。

こんな憂鬱質の子どもには、胆汁質の子どものふるまいをまねする気など少しも起きません。彼のせいで痛い思いをしたのに、痛みを訴えたら、なぐさめてくれるどころか、悪口を言われてしまったのですから。

重い胆汁質と、軽い多血質

では、もう一度、同じ場面を想像してください。胆汁質の子どもは、ランドセルに自分のものを全部しまって、隣りの席を見ました。

「あれ？　いない」。

「また、うろうろしてるにちがいない。今度は、どこに行ったんだろう。ああ、いちばん後ろにいる」。

多血質の子どものほうは、後ろの席の子どもと、放課後、いっしょに遊ぶ約束をしています。いつものことです。やっとこちらに気づきました。

「早く席につけよ！」。

「何してるんだ。早くかたづけろよ。え、もうとっくにランドセルにしまったの。黒板も写し終わったのか。あいかわらず作業が早いな。まあ、座れよ。お話だぞ！」。

多血質の子どもが相手でも、胆汁の気質が緩和されることはありません。なぜなら、隣りに座る多血質の子どもは、ものごとをいつも軽く考えているからです。胆汁質にとって、彼はうわついて見えます。それを受け入れることはできません。

そのうえ、四六時中、頭にくることばかりです。自分がどれだけ真剣にきびしく言っても、多血質の相手には、軽くうけながされてしまうからです。

いっぽうの多血質の子どもは、胆汁質の相手のことをどう感じているのでしょう。

「どうしていつも怒ってるんだろう。ぼくは優しくしてるのに」。

「ぼくはいろいろなものを彼にあげたり、感心してほめたり、彼が気に入りそうなことをしてるのに、返ってくるのは悪口や文句ばかり。なんて冷たいんだろう。おまけに、ときどきたたいたりするし……」。

ここでもおたがいの気質は反発するばかりで、気質を調和させるためのいい影響など与えあうことはできません。

一番が大好きな胆汁質どうし

残りは胆汁質です。胆汁質の子どもどうしが隣りに座ったら、いったいどうなるのでしょう。もちろん最初の場面では、どちらも自分がまっさきにかたづけようとするでしょう。一人は、心の中で次のように思っています。

「いつも自分が一番になりたがって、なんてよくばりなんだろう。ぼくが一番になったときは、すごく怒っているからな。そんなときのあいつは最悪だ。がまんできない。おまけにけんかをふっかけてくるし。ぼくは何もしてないのに、どういうつもりなんだろう。もうがまんできない。このあいだなんか……」。

きっともう一人も同じように考えているはずです。似たような不平不満を言いだすにちがいありません。

最初の三つの例に共通するのは、胆汁質がほかの気質の特徴をくだらないと思っていることです。そのいっぽうで、自分がすることは何でも正しいと思いこみ、自分がいちばんすぐれているという優越感をもっています。ところが、自分とまったく同じ気質が隣りに座ると、思いがけない反応が生じます。これは、ほかの気質の場合でも同じです。

自分と同じ気質の相手のふるまいの中に、自分自身の気質が「鏡うつしになる」のです。無意識のうちに、目の前にいる自分を見ることになり、自分自身を知ることになります。その結果、自分ももっているその気質特有の性格を、相手の「最悪の性格」と感じるようになる場合が多いのです。

そこで、「あいつみたいにはなりたくない。あいつとはちがう人間になりたい。極端な気質を何とかして緩和させたい」と、無意識のうちに自分の気質を改善したいと思うようになるのです。このように、同じ気質を隣りに座らせることによって、子どもたちの中に、自分の気質を改善しようとする動きが生まれるのです。

シュタイナーの意図は、もうおわかりでしょう。胆汁質の子どもの隣りには胆汁質を、粘液質の隣りには粘液質を、多血質の隣りには多血質を、憂鬱質の隣りには憂鬱質を座らせればいいのです。

先生が集まると「生徒の気質がよくわからないから、席順をうまく決められない」と口々に言います。「なかなか席替えができない」と言う先生さえいます。私は経験者として、「失敗からしか学べないものがある」ということを、みなさんにお伝えしたいのです。

あらゆる人間は、四つの気質をあわせもっています。どんな場合でも、何らかのかたちで意味のある発見ができるでしょう。うまくいかないからとしりごみせず、席替えをくりかえすうちに、よい結果が生まれることもあるはずです。

自分と同じタイプの級友が隣りに座ることによって、子どもたちはまるで鏡のなかの自分を見るように、相手のすることを見ながら、自己修正していくことができるのです。そのとりくみこそ、子どもたちに本当の調和をもたらすのです。

第7章　人間関係で悩まないために

人間関係の摩擦はなぜ起きるか

この章では、親、兄弟、親戚、友だち、夫婦といったさまざまな人間関係において、一方もしくは両方の気質がかたよりすぎている場合に起きやすい摩擦を、どうすればやわらげることができるか、具体的に見ていきます。

おとなの場合、混合気質がひじょうに多く、一見しただけではどの気質かわかりにくいので、注意が必要です。とはいえ、多くの場合、四つの気質のうちのどれか二つが強く出ています。いっしょに気質を見る目をやしなっていきましょう。

積極的だけど、怒りっぽい——胆汁質とつきあうコツ

まず、胆汁質とのつきあい方からはじめます。胆汁質は、社会的にも人間関係の問題をひきお

こしやすい気質ですので、とくにくわしくとりあげます。

胆汁質と粘液質が正反対の気質だということは、もうおわかりですね。それは、日常生活でもはっきり現われます。胆汁質の特徴は、いつも目標に向かって一直線に進むたくましさと行動力です。

○粘液質が気をつけること

そんな彼は、基本的には粘液質の相手が好きです。頼んだことはしっかりやってくれ、信頼できる相手だからです。おだやかで落ち着いたあたたかい雰囲気は、自分にはまったくないものです。そういう意味では、相手をそれなりに認めています。

その反面、いつもマイペースで、ゆっくり時間をかけて動き、淡々としている粘液質の性格は、とても理解できません。そんな相手に対して、自分と同じようにすばやく行動させようとしてせかしたり、罵倒したりすることも少なくありません。しかし、胆汁質はいったん自分の怒りを爆発させたあと、落ち着くにつれて、自分の行ないを後悔しはじめます。

そんなとき、粘液質の相手は、どなられたことをさほど深刻に受けとめていないことには感心させられます。あっさり許してくれ、いつまでもひきずらないのです。ある意味、胆汁質にとっては、ありがたい存在です。だからといって、胆汁質の人は、粘液質の相手に対しては、感謝の気持ちを示さないでしょう。

いっぽう粘液質は、自分にない部分をたくさんもっている相手として、胆汁質を尊敬していいます。基本的には大好きで、いろいろなことを彼から学ぼうと思っています。相手の爆発にしても、ひんぱんに起きればそのうち慣れてしまいます。いちいち感情的になったりせず、淡々とその場をじょうずにのりきれるようになります。

ところが、胆汁質にとっては、それが何より気にくわないのです。できることなら自分といっしょにどならせたいし、相手の感情を爆発させたいのです。そうできないから、頭にくるのです。粘液質は、胆汁質の怒りの嵐がおさまらないうちにニヤニヤ笑っていたら、さらに大きな雷が落ちることを経験しました。そのため、胆汁質の前では、できるだけ静かに、嵐がすぎるのを待つことにします。

四つの気質の中で、胆汁質は、自分自身を変えるのがいちばん苦手です。しかし、いつも落ち着いている粘液質の特徴を少しずつ理解していけば、自分の爆発を抑えることができるようになるはずです。

○憂鬱質が気をつけること

胆汁質は、じっくりものごとを考えられる、まじめで誠実、いつも落ち着いていて、人の気持ちが深く理解できるといった憂鬱質の長所を、たくさん知っています。

憂鬱質も、胆汁質の長所は知っています。それでも胆汁質を批判したり、問題点や気に入らないところを指摘して、怒らせたりしてしまうのです。その結果、怒りの爆発を招き、どなられ、罵倒されます。そうなると、憂鬱質は自分の殻に閉じこもり、何も言わずに黙りこんでしまいます。

怒りがおさまり、落ち着きをとりもどした胆汁質は、自分が何を言ったか、もう思い出すことはできません。そして、何もなかったかのようにふるまうのです。

しかし、憂鬱質はそういうわけにはいきません。ショックを受け、深く傷ついています。「なぜあんなひどいことを言われないといけないのか」と、いつまでも考えつづけます。相手に言われた言葉は、絶対に忘れません。

ところが、胆汁質はぜんぶ忘れています。とくに頭に血がのぼっているときに言った言葉など、まったく覚えていないのです。それでも後日、良心のかしゃくを感じて謝罪しようとするでしょう。

こんなとき、憂鬱質は、ぜひ次のことを知っておいてください。胆汁質の怒りの爆発を自然現象におきかえてみましょう。火山の爆発がいいでしょう。火山に向かって、「おい火山！　爆発はかんべんしてくれよ」とは言えません。同じように、爆発するからといって、胆汁質を責めることはできないのです。そんなことをしたら、きっとまた爆発するでしょう。

しかし胆汁質も、自分がしたことについて、きちんと自覚しなければいけません。何日かたってから、憂鬱質は、胆汁質の相手と話しあう必要があるのです。そういうときは、どうすればいいのでしょう。

胆汁質の相手が憤慨しているところを想像してください。大声でどなり、罵倒し、聞くにたえない言葉を投げつけます。茶碗やコーヒーカップが飛んでくるかもしれません。こんなとき、いったいどうすればいいのでしょうか。

とにかく、爆発の直後に話しあうのは無理です。ぐっとがまんして、次の日まで待ちましょう。ただし、胆汁質の相手には、自分がしたことをはっきり自覚させておく必要があります。爆発の直後に、「茶碗を投げる必要がありましたか？」「ばかやろうという表現は適切でしたか？」といった、慎重かつていねいな言いまわしで質問することによって、彼がしたことを自覚させなければいけません。

ただし、けんかの最中に、同じ言葉を言ってはいけません。胆汁質は、自分が言われた不愉快な言葉は忘れないからです。そんなことをしたら、次の日になっても、まともな話はできません。すべては水のあわです。

胆汁質のパートナーは、爆発した次の日になると良心のかしゃくにさいなまれ、謝罪のために、男性は花やみやげを買ってきたり、女性は相手の好物の料理をつくってビールを冷やして待っていたりすることが多いようです。このときはさすがに後悔していますから、優しくなっています。ここで感情的にならず、徹底して事実に即した話しあいをするよう心がけましょう。説教くさくならないことが大切です。

こんなときこそ、憂鬱質がしっかり対応しましょう。爆発した瞬間、胆汁質の相手がどんな状態になり、自分はどう思ったか、感情的にならずに話すのです。相手が二度とそんなまねはしないと頭をさげて約束したら、まじめに受けとめましょう。

ただし、これで二度と爆発は起きない、と安心するのは早すぎます。かならずまた爆発します。火山に爆発をやめるように言えないのと同じようなものです。

長年つれそった夫婦におきかえてみましょう。夫が胆汁質、妻が憂鬱質です。夫は、爆発するたびに、「二度とこんなことはしない」と、妻に何度もあやまってきました。それでも、同じことのくりかえしです。とうとう憂鬱質の妻もがまんできなくなりました。

「いったいどうやって信じればいいの。あなたは、もう十回もあやまったでしょう」。

こんなことを言ってしまったら大変です。深くうなだれていた胆汁質の夫は、突然怒りだし、怒りを爆発させてしまいます。

胆汁質と憂鬱質の関係は、そう簡単にはいきませんが、おたがいに相手を理解する気持ちをもちつづければ、何とかやっていけるでしょう。

○多血質が気をつけること

胆汁質の長所について、多血質はいつも感心しています。自分にはない魅力を見つけて、すごいと感心するのです。胆汁質の爆発的な怒り方はいただけませんが、自分がその場をうまくのりきる方法ならこころえています。

胆汁質が怒りださないよう、いつもきげんをとっているのも多血質です。怒りそうだと思ったら、すぐにその場を離れて、安全な場所に避難します。たとえ罵倒されるようなことがあっても、たいしてショックは受けません。何でも安易に考えがちな多血質の仕事に、ミスはつきものです。だからうるさく言われても、それほど傷つかないのです。優しく語りかけ、怒りが大きくならないよう、慎重になだめることができます。

しかし夫婦のあいだで胆汁質がいつも怒っている場合、多血質はかならず逃げ道をつくります。相手の知らないところで、楽しい体験ができる場を探すのです。たとえば新しい人間関係をつくったりして、家庭では得られない楽しみを謳歌します。

いつも豊富なアイデアをもち、喜びに満ちあふれ、愉快でほがらかな多血質のパートナーが、胆汁質は大好きです。多血質はしなやかですばしこく、何に対しても興味を示します。それでも、がまんできないところもあります。胆汁質は、自分がやろうと決めたことは、最後まで責任をもってやりとげます。

ところが、多血質のパートナーは、何にでも興味をもつのはいいのですが、長つづきせず、いつも途中でほうりだしてしまいます。人の集まるところに出かけるのが大好きで、しょっちゅう家をあけ、外出用の新しい服を買ってばかりいます。お金のことも真剣に考えようとしません。

胆汁質は、出かけてばかりいる多血質に向かって、いつか「もうたくさん！　今日はずっと家にいてください！」と怒る日がくるでしょう。

多血質のパートナーの身になって理解することは、胆汁質にはなかなかできません。同じように、粘液質と憂鬱質のことも理解できません。自分はいつも正しくて、ほかの人間も自分のように行動すべきだと思いこんでいるからです。

ところが、どんなにけんかや争いをくりかえしても、多血質のパートナーの愛が深く、二人のつながりが強い場合には、どんな問題をものりこえられる夫婦の絆が生まれる場合も多いのです。

○胆汁質が気をつけること
夫婦ともに胆汁質というくみあわせは、めったにありません。おたがいよほど魅力を感じたのでしょう。その魅力については尊敬し、感心しています。自分ができないことを、相手から学びたいとも思っています。しかも、自分が相手よりうまくなりたいのです。胆汁質同士の競争意識はたいしたものです。

おたがいのいやなところも、とてもよく見えます。だからけんかがたえません。そのうえ、二人とも、自分の意見を決して曲げようとしません。自分こそ正しいと、どちらも思いこんでいます。たがいの欠点をあげつらい、はげしくののしりあいます。「すぐ怒る！」「すぐどなりちらす！」。おたがいさまなのに、大きな声で批判しあいます。

二人でどなりちらした後、二人で後悔し、割れた茶碗などが散乱し、カーテンの破れた部屋で、

「あなたなしでは生きていけない」と、ふたたび抱きあっています。涙にむせびながら、なかなおりのキスをした後、もう二度とこんなけんかはしないと誓いあい、笑ってシャンペンでもあけて祝福し、全部水に流します。

ただし、次のけんかがはじまる瞬間まで。

おだやかだけど、やる気がない——粘液質とつきあうコツ

○憂鬱質が気をつけること

粘液質と憂鬱質は、胆汁質とほかの気質とのくみあわせほど極端なちがいがないため、おだやかな関係が期待できそうです。

憂鬱質は、粘液質のパートナーのおだやかで静かなところが大好きです。それでも結婚する前は、かなり長いあいだ迷いました。誠実で、何でも任せられ、いつもあたたかく優しい人。浮気など絶対にしないでしょう。文句も言わないし、直してほしいところを指摘しても、いやな顔一つしません。

粘液質は、出会ったときから、憂鬱質の相手がいろいろなことについてよく考え、とてもていねいに接してくれ、相手の気持ちになってくれるまじめな人だと感じていました。しかし、結婚はまったく考えていませんでした。相手がプロポーズを待っていたことさえ、気づかなかったのです。

ところが、結婚していっしょに暮らすようになって、いろいろ問題が起きてきました。憂鬱質が、粘液質のいやなところをこまかく注意するようになったのです。たとえば、「二人で食事に行くときは、もう少し早くしたくをしてほしい」「少しは身なりを気にしてほしい」「毎日、新聞を読んで、国際情勢くらい知っておいてほしい」といった調子です。

なぜなら、粘液質がいつもぼんやり居間に座って、テレビばかり見ているからです。それも娯楽番組です。めんどうだからと、本は読みません。憂鬱質は、たまにはクラシックのコンサートやオペラに行きたいと思います。でも、相手はまったく興味を示しません。どれだけ頼んでも、まるでその気にならないのです。

粘液質は、大好きな相手がいつも不平不満ばかり言うのが理解できません。もっと楽しく生活すればいいのに、と思います。食事はおいしいし、ワインを二人で楽しむことだってあります。パーティは大好きで、すすめられればいつまでもつきあい、笑って楽しみます。もちろん帰りは午前様です。

いっぽうの憂鬱質は、パーティが大きらいです。浅薄な人間関係など、まったく興味がありません。粘液質が自分の内面を磨くことに興味を示さず、向上心もなく、だらだらと生活しているので、憂鬱質は嫌気《いやけ》がさしています。

そうならないよう、結婚後は、粘液質の相手を、できるだけ早くいろいろな場所に連れていき、美しいものや興味ぶかいもの、楽しいものを見せて、世界に対する興味を引き出すように働きかけましょう。

働きかけが遅れてしまったら、粘液質の相手をテレビから引きはなせなくなってしまいます。その結果、四六時中、相手に不満をぶつけることになるのです。

粘液質も、憂鬱質の相手と顔をあわせるたびに、不平不満ばかり聞かされたのでは、いいかげんうんざりしてしまいます。努力しても文句を言われるだけだと思うと、いよいよやる気がなくなってしまうのです。この場合、憂鬱質が粘液質に歩みよるようにしましょう。

もし、粘液質が欲求不満におちいったら、どうなるのでしょう。そうです。食べることに逃避するのです。憂鬱質が口うるさく文句を言えば言うほど、粘液質は太ってしまいます。

粘液質は、結婚後、自分の体重に気をつけるようにしましょう。また、パートナーのために、ある程度は興味の幅を広げたほうがいいでしょう。そして、しっかり運動もしましょう。粘液質と憂鬱質はともに、よく動くタイプの気質ではありません。散歩やハイキングをしたり、いっしょにスポーツを楽しんだりすれば、調和のとれた関係がつくれるでしょう。

○多血質が気をつけること

粘液質は、多血質が大好きです。いつも愉快な冗談で笑わせてくれるし、アイデアも豊富で、行動はすばやく、器用にものごとを処理できます。自分もそうなりたいと思う部分もあるのですが、むずかしそうだから無理はしません。いまの自分に満足しています。

興味がある話であれば、多血質の話を聞くのが大好きです。それでも、多血質の相手の話はいきなり飛躍することが多く、とてもついていけません。だからといって批判するでもなく、ぼんやり座っています。批判して相手をいやな気持ちにさせるより、座っているだけのほうがずっと楽だからです。

多血質も粘液質が大好きです。おだやかで、けんかもせず、文句も言わないうえ、静かで謙虚です。自分もそういう人間になりたいと思うこともあります。また、粘液質が自分と同じようにいろいろなものに興味をもち、いろいろなところにいっしょに行ってくれることを期待します。ところが、粘液質はいっさいそれに応じないので、がっかりしてしまいます。そのため、粘液質を家に残して、人生を謳歌しに外出するのです。粘液質は、うるさい多血質がいないあいだ、のんびり落ち着いてテレビを見ることができます。

このように、多血質と粘液質のくみあわせは、おたがいに干渉も批判もしない寛容さをもっています。多血質が家庭の外で新しいパートナーをつくりさえしなければ、関係は長つづきするでしょう。粘液質には、パートナーが興味をもっていることにできるだけつきあい、いっしょに体験することをおすすめします。

おだやかで落ち着いた粘液質は、多血質にとってはやすらげる相手です。夜ごと帰ることができる、静かな港です。この特徴は、多血質にはまねができません。一生かかってもたどりつけないような高い目標です。

○粘液質が気をつけること

胆汁質の二人がパートナーになった場合、子どもどうしの場合のように、無意識のうちにおたがいを鏡うつしにしながら、自分の悪いところを改善していくことはむずかしくなります。それどころか、正反対の結果を招く危険性があるのです。もうおわかりでしょう。二人ともますます怒りっぽくなり、手のつけられない状態におちいる可能性もあるのです。

同じことが、粘液質どうしの場合にも言えます。おたがい何に対しても受け身で、どんなものにもまったく興味を示さない状態が、加速度的にましていくでしょう。ぼんやり居間で横になっていても、文句を言う人は誰もいません。それどころか、相手も隣りでごろごろしています。おたがい興味があるのは、おいしいものを食べることだけです。二人そろって、どんどん太っていくでしょう。そして、太れば太るほど、ほかのことに対する興味は失われてしまいます。だから、また食べるのです。教養を身につけたり、芸術をたしなんだり、趣味をもったりせず、食べる量ばかり多くなるのです。

粘液質どうしのくみあわせは、二人ともおだやかな性格で、けんかもなく、優しい関係を築いていけるでしょう。しかしおたがいに興味の幅を広げ、健康的な食生活と日々の運動を心がけるようにしましょう。

ほがらかだけど、いいかげん——多血質とつきあうコツ

○憂鬱質が気をつけること

一人は人生を楽しみ、いつも愉快でほがらかです。もう一人は人生の中で思い悩み、まじめで堅実に生きています。一見、正反対の二人に見えますが、意外なほどうまくいくのです。

多血質は、憂鬱質の相手が自分にないものをたくさんもっていることに感心し、とても大切に受けとめています。情けぶかく、誠実で、いつも真剣です。何をするときもていねいで、なまけません。何でも任せられ、信頼できる人です。

しかし、プロポーズに答えてくれるまで、長い時間がかかりました。なかなか心を開いてくれなかったからです。結婚してからは、憂鬱質のものの考え方に深く感動しています。自分もこんなふうに考えられるようになりたいと思いますが、それはまず無理でしょう。

憂鬱質は、多血質の相手をしっかり観察しています。多血質には魅力的なところが多く、とてもひかれます。自分にない多くのものをもっています。はじめて会ったとき、落ちこんでいた自分を優しくはげましてくれました。人生の喜びも教えてくれました。いつもほがらかで、おもしろくて、とても楽しませてくれます。

パーティにも誘ってくれ、いっしょに行ってみると、信じられないくらいたくさんの友だちがいるのです。おまけに、知らない人とでもすぐに仲よくなります。まるで昔からの知りあいのように、和気あいあいと話をしています。自分がまったくできないことを、かるがるとやってのけ

るのです。

憂鬱質は、本当はそういう場に行くのは嫌いです。にぎやかに歌ったり飲んだりして、もりあがる雰囲気が苦手なのです。そういう場には、まじめに人生の話をできる人がいません。いっぽう多血質のパートナーは、ほかの人と踊ったり話したりして、楽しくすごすのが大好きです。

ところが憂鬱質は、自分の最愛の相手が、ほかの人といっしょに楽しそうにしている姿を、見たくありません。だから、そういう場には行きたくないのです。かといって、多血質を一人で行かせるのも気がすすみません。

そんなときの憂鬱質の心の中の葛藤を、しっかり感じてみてください。憂鬱質がそのようなパーティに行きたくない気持ちがわかりますか。「病気」になってしまうほど、行きたくないことさえあるのです。病気で苦しむ自分をおいてまで、相手は出かけたりしないはずです。

こんなとき、残念ながら、多血質は家にいなければいけません。楽しみにしていたのに、だいなしになりました。こんなことがくりかえされると、多血質の人生の楽しみはなくなってしまいます。会いたい人がたくさんいるのに、まるで鎖につながれているようです。

多血質は、その場にいるすべての人に楽しんでもらいたいと思います。なのに、最愛の憂鬱質のパートナーは、すぐにきげんが悪くなってしまいます。そんなとき、多血質は相手にきげんをなおしてもらうためなら、何でもします。

ところが、相手のためにいくらつくしても、「整理整頓ができない、だらしがない、時間を守らない、うわべだけで軽薄だ」などと、ことこまかに批判され、不平不満ばかり言われるのです。こんなことを毎日言われつづけたら、多血質は自分に自信がもてなくなってしまいます。いっしょに暮らすことが、苦痛になってしまいます。

憂鬱質のパートナーが、自分をまったく認めてくれない場合、多血質は自分を認めてくれる人をほかに探します。多血質のほうから、憂鬱質を批判するようなことはありません。基本的に誰かを批判するのはきらいなのです。誰かが何か失敗しても、自分もしょっちゅうするからと、寛大にすべてを水に流してくれます。

こんなとき、憂鬱質はどうすればいいか、考えてみましょう。社交的な多血質にとって、がんじがらめにされるのは拷問と同じです。ある程度、好きなようにできる時間を認めてあげましょう。犬を散歩させるときにつけるような、長さの調節ができるヒモを相手につける感じで、完全に縛りつけてしまわないようにするのです。そうすれば、どんなに遠く離れても、かならず憂鬱質のところに帰ってきます。

同じように、多血質は、憂鬱質のパートナーに、一人になれる自由な時間を与えましょう。自分の家で、思うぞんぶん好きなことをさせるといいのです。憂鬱質は、もともと家の中にいるのが大好きですから、インテリアのセンスは抜群です。きれいな色のカーテンやテーブルクロスに替えたりして、「やっぱり家庭がいちばんだ」と、多血質がソファーに座って最愛の憂鬱質に感謝するようになるでしょう。

○多血質が気をつけること

多血質と多血質は、出会った瞬間にひかれあい、おたがい相手がすることは何でも興味をもちます。多血質が二人もいると、家は友だちであふれます。みんな仲よくなり、家に招待しあって、毎日がお祭りさわぎです。二人とも楽しいものや新しいものが大好きで、テレビで体にいい温泉が紹介されたりしたら、二人そろってすぐに出かけます。

二人とも相手を笑わせるのが大好きで、しじゅう冗談を言いあいます。びっくりするようなニュースを聞いたら、すぐに誰かの家へ遊びに行き、先を争ってその内容を話したがります。しかも二人同時に話すので、何を言っているのかわかりません。そんな話を聞かされるほうは、たまりません。

いつもこんなふうににぎやかにすごしていると、おたがいの多血質的な傾向が、さらに強まることでしょう。最初から実現できないことがわかっているようなとっぴな構想なのに、二人でいっしょに考えていると、おもしろくてなりません。

ほれっぽい二人が、パートナー以外の相手に、同時にひとめぼれすることだってあります。こういう場合、両方とも長つづきしません。こんなときも、おたがい優しくなぐさめあいます。一生の愛を誓ったとしても、多血質にとってはそれを守ることがむずかしいのです。

こんなふうに、どうにも憎めない多血質でも、失恋や別離を経験すると、とても深く悲しみ、長くつらい時期をすごすこともあるのです。

多血質どうしが学ばなければならないことは、どんなことでも徹底して最後までやりとおす持続力を身につけることです。

みずからを変えようとするときは、まず自分がとりくもうと思わないかぎり、誰も助けてくれません。多血質は、自己教育しなくても、とりあえず楽しい人生を送れるかもしれませんが、それだけでは自分が成長していくきっかけを得ることはできないでしょう。

まじめだけど、悲観的――憂鬱質とつきあうコツ

○憂鬱質が気をつけること

まじめな二人が出会い、人生について真剣に語りあいます。人生とは何かといった哲学的な話題であれば、何時間でも語りあうことができます。おたがい注意ぶかく相手を観察していますから、相手が何に興味があり、どんな計画を立てているかよく知っています。二人の興味が一致しているものについては協力しますが、それ以外は干渉しません。

家の中でも、相手の部屋には絶対に立ち入らず、相手のものにはいっさい手をふれません。それぞれのやり方で、かたづけているからです。ですから、家の中はどこもきちんと整理整頓されています。

こんな二人でも、長いあいだいっしょに暮らしていると、自分の欠点を鏡うつしの状態で相手

からつきつけられることになります。そして、自分でも薄々その欠点がわかっていても、どうしても自己批判をしたくない場合は、それを絶対に認めようとしないこともあるのです。それどころか、おたがいを批判しあうようにさえなります。ささいなことまで文句を言い、批判するのです。

おたがい否定的な意見しか言えないほど関係が悪化した場合、真剣に夫婦間で話しあいがもたれます。どうすれば夫婦関係がよくなるか、改善策をたがいに出しあうことでしょう。なのに、そんなときでさえ、おたがい相手から言われたことに深く傷つきます。しかも、傷ついている自分に、相手が同情してくれることを期待します。けれど、こんなときは、さすがに相手に同情などしないので、両者とも落ちこみ、その後は犬猿の仲になってしまいます。

ここでもわかるように、おとなの場合は、同じ気質であっても、子ども同士のように相手に自分の悪い部分を見て、治そうとしたりはしないのです。でも、自分を変えようとしなければ、両者の気質はもっとかたよります。

憂鬱質は、一見、自分の悪いところを自分で批判できそうですが、じつはただ自分を否定するだけで、なかなか自己教育には至りません。「どうせ自分はできない」で終わってしまうのです。自己教育をするには、もっと自分から積極的に行動する必要があるでしょう。

類は友を呼ぶ

おとなどうしの場合、いっぽうが子どもの場合のように、鏡うつしの関係が効果的に作用しないということが、おわかりいただけましたか。同じ気質どうしのおとなが集まると、それぞれの気質のかたよりをさらに助長してしまう恐れもあるのです。

たとえば、胆汁質どうしのおとなが顔をつきあわせると、おたがい相手のいやな面が鼻につきます。これは鏡うつしの状態です。ところが、おとなの場合は、相手のいやな面を見ても、それが自分を治す力になっていきません。なぜなら、おとなは、外界と自分をシャットアウトできる「自我」をもっているからです。そのため、子どもの場合のように、鏡うつしの作用が内側で起こらないのです。

おとなと子どものはっきりしたちがいは、自我の力があるかないかにあります。これを内的力と呼びましょう。この力がまだ育っていない子どもの場合、まわりの世界で起きるすべてのことに影響されてしまい、距離をおくことができないのです。ある意味、子どもはまわりの世界に依存しています。ですから、自分と同じ胆汁質がどなっているところを見ると、「どうしてあんなにどなりちらすんだろう」と、よくないと思う気持ちが、すぐにその子の中にわきおこり、無意識のうちに自己教育が行なわれます。

しかし、おとなは自我をもっているため、自分と外の世界とのあいだに距離をおき、同じ気質の悪いところを見ても、「なんてひどいやつだ」と思う程度で終わってしまいます。自我の内的力が働くことによって、子どものようにまわりの世界に感化されなくなるのです。

共同体で気質をうまく生かすとりくみ

ここまでは、おとなどうしのさまざまな気質のくみあわせについてとりあげました。次に、多くの人々が、ともに力をあわせて何かをつくりあげていく場で、おたがいの気質がどのように作用しあうかについて見ていきます。それぞれの気質にどのような課題があり、どうすればおたがいのよいところが生かせるか、具体的に見ていきましょう。

では、日本でシュタイナー学校を立ちあげるまでの過程を想像してみましょう。世界中どこの国でも、そのような学校をつくろうとするときは、子どもの教育について真剣に考える親たちが集まってきます。おそらく公的な助成は得られないでしょうし、最初はスタッフの人数が少ないかもしれませんが、その中にはかならず胆汁質がいるはずです。やる気と目標がなければ、この仕事はできません。勇気、持続力、行動力、決断力が必要です。まわりを引っぱってくれる胆汁質が欠かせないのです。

そして、絶対につくれるという確信のもとに胆汁質が計画について話したら、まず多血質が賛成します。多血質は、胆汁質の演説に感動しました。聞いている最中から、いろいろなアイデアが、次々にわいてきます。たくさんの人に話し、宣伝のためのチラシをいろいろな店においてもらいます（どの店の人とも仲よしです）。

多血質は、多くの人を集める能力をもっています。講演会を計画して、場所を確保し、シュタイナー学校のベテランの先生を招待し、遠方から来る講師を出迎えて食事に行き、ホテルに案内します。多血質以外の誰に、こんな仕事ができるでしょう。

でも、ちょっと待ってください。何ごとも、そううまくはいきません。ときには慎重になることも必要です。学校づくりという大きな仕事は、じっくり考えてからでなければ、スムーズには進みません。

こんなとき、憂鬱質がブレーキをかけます。

「設立委員会が必要だ。理事会をつくろう。経理も必要だ。経理という大変な仕事を、無償でひきうけてくれる人はいるか。学校はどこにつくるか。先生をどうやって集めるか。先生を養成しないといけない。法人になるための手つづきをはじめたほうがいい」。

こんな雑多なことをもれなく考えられるのは、憂鬱質をおいてほかにいません。

何か困ったことが起きたとき、「何とかなるよ。あせらずいこう。落ち着いて。こういうことは、少しずつしか進まないよ。みんなでもちつき大会でもして、いろいろなものを持ちよって景気よくやろう。みんなでいっしょに食事でもしたら、もっとおたがい仲よくなれるよ」などと言ってくれるのは粘液質です。

そのとおりです。いっしょにもちつき大会をすることによって、人と人とがつながり、みんなでおいしいものを食べれば、仲よくなっていきます。

粘液質の人は、その場をなごやかな雰囲気にするだけでなく、経理などの仕事もひきうけて、きちょうめんに処理してくれます。現金が一円でもあわなければ、最初から計算しなおすことをいやがりません。設立委員会には人間関係のいざこざがつきものです。しかし粘液質の人が仲裁すると、たいていのもめごとはおさまります。温厚でおだやかで、学校づくりになくてはならない人です。

いよいよ新しい学校の開校に向けて、準備にとりかかります。教室の壁をぬり、床に板をしき、棚やロッカーを設置します。こんなとき、それぞれの気質は、どのように自分の力を発揮するでしょうか。

胆汁質は、すすんで重いものを運びます。体をぞんぶんに動かせて、自分の仕事の成果があとではっきりわかる仕事です。大工仕事が得意で、任された仕事を職人のようにきちんとこなし、やり終えるまではどんなことがあってもやめません。自分の仕事の成果を、ほかの人にしっかり認めてもらいたいのです。もちろんみんな感心します。職人的なむずかしい作業を、みごとにやってのけるからです。

多血質は、いつも忙しそうにしています。簡単な仕事をひきうけるのが大好きです。同じ作業ばかりでなく、バラエティーにとんだ作業をしたがります。しかも、みんなでできる作業が好きです。いつもおしゃべりをしてみんなを笑わせながら、楽しい雰囲気で仕事をします。それに、仕事を中断して、ほかのところを見に行くのも大好きです。そこでまた別の誰かと親しくなって、話に花を咲かせます。シャレや冗談を言うのが大好きで、作業に欠陥があっても気にしません。きっと胆汁質に叱られるでしょう。

正確な作業をするときは、憂鬱質が欠かせません。壁に色をぬる、ぴたりと床板をはめる、黒板をまっすぐ設置する、電気や電話回線の配線といった仕事の場合、とても正確に作業をします。ほかの人が作業したときはかならず点検し、やりなおすべき箇所を指摘します。いっぽう、重い柱や板は持ちたがらないでしょう。体が丈夫でない場合が多いので、体調のことも考えなければいけません。

粘液質は、多血質がいやがる次のような仕事を喜んでひきうけます。一人で物置のそうじをする。一人ですべての教室の電気のコードを、同じ長さに切りそろえる。花壇の雑草をとる。一度はじめた仕事は、いつまでもやりつづけます。途中でほうりださないで、最後までやりとげます。ただし、口を半びらきにして、ぼんやり空を見上げ、彼なりの休憩をとることもあります。重いものも持ってくれるし、けんかを売られても温厚にかわします。このおだやかさが、みんなの気持ちをほっとさせてくれます。

たくさんの人たちがいっしょに何かをやろうとするとき、四つの気質がすべて必要だということがわかってきましたか。みんなで一つのものをつくりあげるとき、不必要な人などいません。誰も欠けてはいけません。おたがいが、おたがいを必要としているのです。こうして見ると、まるで全体で一人の人間のようです。

第8章　あなたの気質を改善する方法

自分を知り、相手を理解できるようになるためには、自己教育が欠かせません。ここまで見てきたように、自分の気質は、努力しだいでかならずコントロールできるようになります。この章では、大人の気質のコントロールのしかたについて、具体的にとりあげます。そのためには、それぞれの気質の長所と短所をよく知っておく必要があります。

まず、さまざまな人間関係の中で、いちばん問題を起こしやすい胆汁質からはじめましょう。胆汁質の長所は、やる気と行動力に満ちあふれていること。短所はすぐカッとなることと、よく考えずに行動してしまうことです。

憂鬱質の長所は、行動する前によく考えること。短所は、なかなか行動に移せないことです。この点では、胆汁質と憂鬱質は正反対です。

多血質の長所は、活発で、陽気にいろいろなところを動きまわり、まわりの人をほがらかに楽しくすること。短所は、落ち着きのないことと、あきっぽいことです。

粘液質の長所は、とても落ち着いていること。短所は、あまり活発でなく、何に対してもほとんど関心を示さないことです。

おとなの気質が子どもに与える影響

親や先生のように、何らかのかたちで子どもの教育にたずさわる人は、自分の気質をコントロールできるようにならなければいけません。それができないと、子どもたちの健康な発育に支障をきたしてしまうからです。

シュタイナーは「教育者は、子どもの一生をつねに意識しながら、教育にたずさわらなければならない」と言っています。

また、シュタイナーは、先生自身の気質がどのような影響を子どもに与えるかについて、具体的な例を紹介しています。

子どもを怒ってばかりいる胆汁質

まず、胆汁質の先生の例を紹介しましょう。

「胆汁質の先生が、教室で子どもたちを叱り、はげしくどなったらどうなるでしょうか。ドイツだけでなく、どこの国にも胆汁質の先生がいるはずです。多くの子どもたちが、学校生活の中で怖い思いをしたことでしょう。卒業してからも、その恐ろしい体験がずっと忘れられない子もいるかもしれません」。

シュタイナーは、感情が体験したものは、人体の循環器や消化器に、じかに影響すると言っています。身近な例では、びっくりすると呼吸が止まりそうになり、緊張したり恥ずかしかったりするときはひやあせをかきます。私たちの感情は呼吸器や循環器系とつながっているから、そういうことが起きるのです。

とくに子どもの場合、興奮すると、呼吸器や循環器、消化器に影響します。このように、親や先生などの行為は、その子どものちの健康状態を左右しかねないのです。

また、シュタイナーは、感情は循環器や呼吸器だけでなく、消化器にも影響すると言っています。たしかに下痢や便秘は、心理的、感情的なものと密接な関係にあります。何らかのショックを受けると、結果として体に現われるのです。胆汁質の先生の怒りにふれ、恐怖におびえた生徒たちのショックは、そう簡単には消えないでしょう。怒ってばかりいる先生の場合、子どもたちは本当に大変です。

現代の心身医学においても、子どものころの恐ろしい体験はトラウマとなり、のちに呼吸器や循環器に大きな害をおよぼすとされています。シュタイナーは、怒りっぽい胆汁質の先生に教えられた生徒は、のちの人生で、リューマチ、消化不良、通風にかかりやすいと言っています。

子どもに無関心な粘液質

気ぜわしい現代社会においては、先生は、適度な粘液質の傾向をそなえているといいでしょう。おだやかに子どもの前に立ち、ささいなことで生徒をどなったりしません。授業もじつに淡々と、静かに進んでいくでしょう。

しかし粘液質の傾向も強くなりすぎると、子どもの中からわきでる興味に対して、先生のほうがまったく無関心になってしまいます。シュタイナーはそれを、「子どもの感情が、呼吸困難になってしまう」と表現しています。

子どもは、たくさんの豊かな感情や興味ある内容を先生から吸収したいのに、先生はそういった子どもの気持ちに興味を示さないからです。こんなとき、子どもたちは落ち着かなくなってしまいます。なぜならこの状態は、何を聞いても答えてもらえないようなものですから、子どもにとっては最悪の状態なのです。

シュタイナーは、そのような先生のもとで成長した子どもは、のちの人生で、神経質、神経過敏になりやすいと言っています。

にわかに信じられないかもしれませんが、毎日、退屈な内容を、淡々と話す先生のもとで学ぶ状態を、想像してみてください。

「一七六七年に……ワットと……ボールトンが……蒸気……機関を……改良し……小型化……し

ました」。

ゆっくり単調な口調で、言葉と言葉のあいだに、いつもたっぷり間をとります。長い間をとることによって、次に言うことを考えているのです。そんなようすを思い浮かべるだけで、なんとなく落ち着かなくなって、いらいらしてきませんか。

おとなの場合は、「退屈だな。早く終わればいいのに」と、心の中でこっそり批判できるでしょう。ところが、子どもの場合は、そんなわけにはいきません。子どもはじっとがまんすることができないため、すぐに落ち着きをなくしてしまいます。

シュタイナーは、ある教育講座の中で、初期のシュタイナー学校の先生たちに対して、「今(一九二四年)の子どもたちは、どうして落ち着きがないのでしょうか」と、問いかけました。その答えとして、シュタイナーは、先生たちの授業がとても退屈だからだ、と言ったのです。

現代と同じように、当時も自然科学がもっとも重視され、人々の興味は物質的なほうにばかり向いていました。そのため、すべての授業は自然科学にもとづいていました。しかし、物質的なものにばかりとらわれていると、精神的な内容、感情豊かな内容のほうには、興味が向きにくくなります。その結果、子どもの中で起きていることにも、無関心になるのです。

そのような状態の先生から、退屈な授業を受けているからこそ、子どもは落ち着かなくなるのだと、シュタイナーは言いたかったのです。

シュタイナーの答えを聞いて、みなさんはどう思われますか。現代を生きる私たちは、当時より良くなったでしょうか。それとも悪くなったでしょうか。むしろ現代のほうが、いらいらして神経過敏な人が多くなったように思いませんか。

子どもを受け入れない憂鬱質

では、憂鬱質の先生はどうでしょうか。いつもまじめで、どんなことでも深く慎重に考え、他人に対する優しい同情心もかねそなえています。すばらしい先生です。しかし憂鬱質も極端になると、先生はいつも自分のことばかり考えるようになります。そしてあらゆるものを否定的に受けとって、他人を受け入れず、自分の内側に閉じこもってしまうのです。

そのような先生は、生徒に対して、心から優しい教育をすることはできません。生徒にとって、先生はいつも冷たいイメージで、寒い教室の中で授業を受けているように感じるでしょう。ちなみに、家庭でも両親が過度の憂鬱質の場合、同じことが起こります。

このような憂鬱質の先生は、子どものあらゆる行動が気に入りません。いつもこまかく指示し、きちんとやるよう忠告し、ささいなことまで口うるさく批判して、子どもを否定しつづけます。

シュタイナーは、このような先生のもとで成長した場合、「子どもの心は氷のように冷たくなり、いずれはその豊かな感情がカゼをひいてしまう」と表現しています。

「先生に指名されたらどうしよう？」。

「答えがまちがっていたらどうしよう？」。

こんなふうにいつも心配ばかりしていたら、子どもは自由に呼吸することさえむずかしくなります。ところが、そのような生徒を見ると、先生はいよいよ不満がつのり、生徒がどんなに一生懸命努力しても満足せず、まったく評価しなくなります。

これでは、生徒はとても落ち着いて学べません。いつも教室に重い空気が充満して、今にも窒息しそうです。先生の要求にこたえられない生徒は、「自分はできない」「先生に受け入れてもらえない」と、自信をなくしていくでしょう。

シュタイナーによると、憂鬱質の先生のもとで育つと、「子どもはいつも完璧にやることを要求され、つねに緊張しなければならなくなる」ということです。そんな状態が、学校生活の中でずっとつづいたら、生徒の呼吸はいつも浅く不規則になり、同時に血液の循環も不規則になります。その結果、将来、心臓に関する病気をもたらすこともあると、シュタイナーは言っています。

自分勝手な多血質

いきいきして、いつも愉快でほがらかな多血質の先生を、子どもたちは大好きになるでしょう。しかし多血質でさえ、度がすぎると生徒の成長に害をおよぼします。たとえば、そんな先生は、一つのことに集中して授業をすることがありません。自分の興味にあわせて、授業の内容を次々に変えるからです。

そんな先生の話についていけない生徒は、たくさんいるでしょう。また、先生に質問しても、表面的な答えしか返ってきません。そのうえ、まじめに宿題をしてきても、ろくに見てもらえないのです。なぜなら、先生が自分で宿題を出したことを、すっかり忘れているからです。昨日したばかりの約束なのに、今日になったら守りません。「忘れてしまった」「冗談だった」というようないいわけを平気でします。授業の準備はまともにしてこないし、生徒一人ひとりにも深く向きあおうとしません。

子どもたちは、先生からされた質問についていろいろなことを考え、先生の答えを「なるほど」と深く受けとめ、さらに自分でそのことについて深く考えたいのです。いつも冗談で終わらせるのではなく、ちゃんとした内容を学びたいのです。手をあげて発表したりして、積極的に授業に参加したいのです。

そんな生徒の期待をうらぎるように、多血質の先生は自分だけ積極的に動いて、生徒をじっと座らせているだけです。いつも自分が主人公になり、自分一人で勝手に楽しく授業を進めています。そんな先生の教室には、子どもが何か一つのものに集中してとりくむ機会が、まったくないのです。このような先生のもとでは、子どものやる気はなくなります。

シュタイナーは次のように言っています。

「生徒のことをまったく考えず、好き勝手なことをしている多血質の先生のもとで学ぶ生徒は、やる気を奪われ、自分の能力を発揮できなくなってしまいます。今まさに咲こうとしている花が、しおれていくようなものです。子どもから、いきいきした活発さが失われていくでしょう。

その結果、子どものなかにあるいきいきした力が抑圧され、将来、いつもどこか疲れているような生活を送ってしまうことになるのです」。

自己教育のすすめ――気質別の練習法

先生が自分の気質をしっかりコントロールできなければ、生徒の体に悪影響をおよぼし、将来の病気の原因にもなりかねないことが、おわかりいただけたことと思います。では、どうすれば自分の気質のかたよりを改善することができるでしょうか。

シュタイナーは、「先生の自己教育は、必要不可欠だ」と、つねに言いつづけました。彼は「自分は生まれつきこうだから、気質までは変えられない」と言ったある先生に対して、「それは絶対にありえない。どんな人間も、かならず自分の気質のかたよりを改善できる」と言っています。

では、それぞれの気質がどのような自己教育をすればいいか、具体的に見ていきましょう。

短時間でさまざまな状況を意識する――多血質の練習法

多血質は、一つのことを最後までやりぬくことがむずかしく、ちょっと手をつけてはすぐにほうりだし、新しいことに手を出そうとします。このような多血質が「自分は多血質だから、多血質をやめよう」と思っても、決してうまくいきません。

気質は、自分のとても深いところにあります。だから、頭で改善しようと思ってできることではないのです。そのため、「これからは一つのことに集中して、すぐにほうりださないようにしよう」といくら自分に言い聞かせてみても、自分を変えることにはならないのです。

シュタイナーは、そんな多血質を改善する方法として、短い時間、思うぞんぶんいろいろなことに興味をもつようすすめています。自分の興味の対象を、意識して次々に変える練習をつづければ、いずれは自分のあきっぽさを変える力がつくと、シュタイナーは言っています。

では、短いあいだだけ多血質になれるような状況は、どうすればつくれるのでしょうか。大都市の大通りを歩いているときのことを想像してください。目うつりしてしかたがないほど、雑多なものが目に飛びこんできます。こういった場所であれば、多血質が短い時間でいろいろなものに興味をもつ練習ができるのです。

まず、いろいろなところを見てみましょう。たとえ関心がないものでも、その瞬間だけは意識して、心の中でそのものの名前を呼んでみるのです。多血質は、ふだんはそんなことはしません。自分の外側から受ける印象に、ただ驚くだけです。この練習は、自分から意識して、次々に興味があるものを見つけていく練習なので、多血質にとっては容易ではありません。

たとえば、こんなふうにするのです。

「靴の店がある。その隣りは美容院。通りを歩く女性は、今はやりの帽子をかぶっている。その横に、真剣な顔をした男が立っている。目の前を、白い車が猛スピードで走っていく。その後ろを、パトカーが追いかけている。傾いた街灯。小さな子どもが、大通りにとびだそうとしている」(約三〇秒から一分のあいだに、これだけのことがらを意識します)。

この練習では、短い時間で、大きな通りのあらゆる状況を意識しなければいけません。実際にやってみるととても大変ですが、それだけに効果も大きいのです。この練習を、毎日、数分間つづけてみてください。途中で投げださないで、三カ月くらいつづけて練習するといいでしょう。その後、インターバルを置いて、しばらくたってからもう一度くりかえします。それをつづけるうちに、あきっぽい多血質の傾向を改善することができるはずです。

対象は、何もにぎやかな都会の大通りだけではありません。この練習は、どんなところでもできるのです。山や川に散歩に行くときも、数分間ずつ練習しましょう。いろいろなものを意識するわけですから、いつも歩いている道の途中で、今まで気づかなかったものに気づくにちがいありません。きっと新しい発見があるでしょう。

もちろん見ることだけではありません。聞くこと、におうこと、さわることをとおして、同じような練習ができます。

多血質は、意識しないまま、次々に新しい興味をもつから、いつも集中できないのです。はっきり意識して、自分の中にあるたくさんのことに興味をもつ多血質的な要素を、思うぞんぶん使うのです。

この練習は、自分からやろうと思わないかぎりできません。多血質に、そうするよう助言してくれる人は誰もいません。自己教育は、自分がやろうと思ってはじめなければ、意味がないのです。やろうと思う強い意志をもち、自分の行動を意識する練習をしていけば、多血質であっても、集中して何かにとりくめる持続力がつくでしょう。

とことん退屈する――粘液質の練習法

シュタイナーは、何に対しても興味をもたない粘液質の人に、まったくおもしろくなく、退屈してしまうようなものにかかわることをすすめています。

粘液質の人は、徹底的に退屈すべきなのです。何かに興味をもたなければいけないと、頭で理解しても意味がありません。自分が本当に退屈できることをじゅうぶんやってみることが、粘液質の自己教育なのです。ここでも、自分にないものを求めるのではなく、自分にあるものを使って、自己教育にとりくみます。

では、粘液質の人は、どうすれば退屈できるでしょうか。どんな粘液質の人でも、かならず退屈する方法を紹介しましょう。ジグソーパズルです。五〇〇〇ピースで、半分は青い空、半分は青い海などがいいでしょう。半分できても、残りはまだ二五〇〇ピースもあります。しかもみんな青。すべてのピースが、よく似た色と形をしています。完成するまで長い時間かかるでしょう。退屈でうんざりします。やっとできあがりました。まだ、じゅうぶん退屈しきれていなければ、パズルをばらばらにして、最初からやりなおします。退屈で退屈で、たまらなくなるまで、これを何度でもくりかえすのです。

粘液質がこのような退屈な練習を自分で考え、自分で意識して試すと、とても効果的です。自分自身の意志で、自分の気質と向きあうことが重要なのです。それが粘液質的なかたよりを改善していきます。その結果、無関心でいてはいけない状況に直面したとき、自分の粘液質を自分でのりこえていくことができる力になるのです。これが、退屈な練習がもたらす成果です。

人助けをする——憂鬱質の練習法

シュタイナーは、極端な憂鬱質の人は、自分の個人的な苦しみにばかり目を向けず、人生の深い苦しみや悲しみに打ちひしがれている身のまわりの人に、目を向けることをすすめています。その人の苦しみやつらさに深く同情し、助けるために行動することが、憂鬱質の自己教育だというのです。

憂鬱質の人は、自分は犠牲者だと思いがちです。まわりからいつも自分だけひどい目にあわされている気がして、まわりの人に対して否定的になりやすいため、自分がかわいそうだと思いこみがちです。そんな人は、自分だけでなく、まわりでつらい思いをしている人に目を向けましょう。そして、その人たちを助けるために行動するのです。

具体的な例を紹介します。ある憂鬱質の人は、近所に住むおばあさんのことを、いつもかわいそうだと思っています。一人ぼっちでスーパーに買い物に行き、重い買い物袋をたくさんさげて帰ってきます。

憂鬱質は同情します。

「なんてかわいそうなおばあさんだろう。誰も買い物袋を持ってあげないなんて。おばあさんの子どもはいったいどこにいるのだろう。買い物ぐらい、どうして車でいっしょに行かないのだろう。おばあさんがもっと年老いてしまったら、たった一人でどうやって生活すればいいのだろう。ぼくもあのくらいの年になったら、おばあさんみたいになってしまうのかな」。

憂鬱質はおばあさんに深く同情し、腰の曲がったおばあさんが大儀そうに荷物を運ぶ姿を、かわいそうだと思います。そして「誰もおばあさんを助けようとしない」などと、かならず誰かを批判しはじめます。

でも、最後の言葉をよく見てください。ここでは、かわいそうなのは、自分になってしまっています。

この憂鬱質の苦しい感情を、どうすれば外側に向けることができるでしょうか。そうです。かわいそうだと思うすべての気持ちを、自分ではなくおばあさんに向けるのです。そうすれば「そうだ。おばあさんの荷物を持ってあげよう」と思いつくはずです。憂鬱質は、このように見方を変えて行動することによって、自分を変えることができます。

どうしてほかの誰かがやらないのかと、いつも他人のせいにする考え方は、憂鬱質にとって何の役にも立ちません。そんなことを考える前に、自分が動けばいいのです。すぐにおばあさんの買い物袋を持ってあげましょう。次に彼女が買い物に行くときは、いっしょについていきましょう。

憂鬱質は、このように行動することによって、自分の殻に閉じこもって考えてばかりいる悪い癖から解放されるでしょう。人の気持ちをくみとることができるのは、とてもすばらしい能力です。だからこそ、その能力を、行動することに向けましょう。

はじめる前によく考える――胆汁質の練習法

シュタイナーは、胆汁質が、自分の内側にたまったエネルギーが爆発しそうなほど怒るとき、そのほこさきをまわりの人に向けてしまうと、ひどい迷惑をかけることになる、と忠告しています。

それを防ぐには、自分の中で怒りのエネルギーが爆発しそうになったら、怒りをぶつけても誰にも迷惑をかけない対象を見つけるようにするといいのです。自分の中の怒りは、そのものに向けて思うぞんぶん発散しましょう。そうすれば、胆汁質は成長できる、とシュタイナーは言っています。

ある胆汁質の男性は、自宅の物置きや地下室の天井にサンドバッグをつるし、むしゃくしゃして怒りが爆発しそうになったときは、そこに行って、サンドバッグを思いきり殴ることにしています。そうすれば、殴ったあとはきれいさっぱり爽快になり、家族に迷惑をかけることもありません。これはとてもいいアイデアです。

胆汁質は、いつもエネルギーに満ちあふれ、すぐに行動できる、すぐれた能力をもっています。しかし、そのエネルギーが怒りの感情とつながったとき、火山のように怒りがふくれあがり、しまいには爆発します。この爆発が、胆汁質の問題です。ふくれあがった怒りは、どこかで発散しなければいけません。

たとえば、胆汁質のお母さんの場合、子どもがうるさくさわぎだしたとき、思わず手をあげそうになるでしょう。その瞬間、寝室や居間のソファなどを、思いきりたたくようにするのです。そうすれば、「ああ、気持ちよかった」と、爽快感を感じられるでしょう。

あるいは、胆汁質の人が、朝、車で通勤するときは、かならず少し遅めに出発するようにするのです。会社に早くつきすぎたら、同僚のみんなを待たなければいけません。ただし、あまりぎりぎりに出発すると、今度は信号が赤になるだけで彼はいらいらしだします。せっかく青になったのに、前の車がエンストでもしようものなら、きっと爆発するでしょう。

こんなときは、助手席に誰もいなければ、どうぞ助手席のシートを思いきりたたいてください。助手席に誰か座っていれば、自分の手のひらをげんこつでたたいてください。「このまぬけな信号が！」などとののしりながらやると、さらに効果的でしょう。

胆汁質が爆発しそうになったら、その怒りを手近なものにぶつけるようにすれば、ほかの人をどなりちらしたり、暴力をふるったりすることはなくなっていくでしょう。

胆汁質が暴力をふるうのは、自分がコントロールできないからです。しかも胆汁質は、よく考えないまま、すぐに行動に移してしまう傾向があるようです。よく考えないから問題が起こり、そのことに猛烈に腹をたてます。事前にちょっと考えるだけで、怒りの爆発がどれだけ抑えられるか、よくわかる例を紹介しましょう。


ある家の主人が、リビングルームの壁に、大きな絵をかけようとしています。物置きから電気ドリルと受けねじ（メスねじ）とねじ（オスねじ）を持ってきました。彼はとくに考えることなく、すぐに作業にとりかかります。

ここで、「どうすればうまくいくんだろう」と少し考えるだけで、これから起きる災難を防げるのです。

「さあ、穴をあけるぞ」。

壁に穴があきました。壁は彼の予想より硬かったのですが、うまくいきました。

「よし、やったぞ」。

つぎに、受けねじを壁にさしこみます。

「ぴったりだ」。

つぎは、ドライバーでねじを回します。ところが不思議なことに、ドライバーでねじを回せば回すほど、ねじがひっかかって動かなくなっていくのです。

彼は、その原因をつきとめました。ねじは、円錐型で、先が細く、後ろが太くなっているのです。自分が物置きからもってくるときに、よく見ていなかったのです。でも、自分のせいではありません。悪いのは、あくまでねじです。

「このまぬけなねじが！」。

すべては、ねじの責任です。

この段階で、胆汁質はいったん作業を中断すべきです。そして「怒りを発散できるもの」を見つけるのです。自分が怒る必要のないものを探してみてもいいでしょう。新聞を読んだりすると、怒りがおさまるかもしれません。庭に出てタバコを吸ったりして、怒りがおさまってから物置きに行けば、ふさわしいねじを見つけることができるでしょう。

ところが、作業の前にじっくり考えない胆汁質の場合、いったいどうするのでしょう。腹わたが煮えくりかえっています。怒りは爆発寸前です。

「このどうしようもないねじめ、こうしてやる！」。

そうです。だめだとわかっているのに、ねじを無理やり回していくのです。ねじが動かなくなってきました。それでも、犯罪者を罰するような勢いで、強引にねじこもうとしています。いよいよ事態は悪化してきました。

突然、ドライバーがきりこみ溝からすべって、はずれてしまいました。怒りは頂点に達しています。体はこきざみに震え、今にも爆発しそうです。

その瞬間、奥さんがリビングに入ってきました。夫が激怒する姿を見ていたのです。彼の怒りをやわらげようと、優しくこう言いました。

「あなた、そんなふうに無理やりやっても、どうにもならないでしょう」。

もうおしまいです。

よりによって、いちばん言ってはいけないことを言ってしまいました。彼の怒りは、火山のように大爆発してしまいました。

「人がどれだけ一生懸命にやっているか、お前にはわからないのか！　のんきな顔をして、ばかを言うな。このまぬけ！　うすのろ！　お前みたいなやつがいるから、ねじが回らないんだ！何も知らないくせに、えらそうなことを言うな！　この大ばかもの！」。

驚いたことに、何もかも、奥さんの責任になってしまいました。すべての怒りは奥さんにぶつけられます。いきなりひどいことを言われて、彼女はひどく傷ついています。みるまに涙があふれてきました。夫をなぐさめようと思ったのに、いつもこんなふうにひどい言い方をされるのです。

もしも、このような状態の夫を見たら、奥さんは、すぐにリビングから避難しなければいけません。気の毒に、夫をなだめようとしたばかりに、奥さんは夫のうっぷんばらしの対象になってしまいました。

自分が胆汁質だと思う人は、何かはじめる前に、かならずよく考えるようにしましょう。うまくいかない場合にはどうするか、前もって考えておくのです。これこそ胆汁質にとって、いちばんむずかしい課題です。

自分が思うぞんぶん怒りを発散できるものを用意し、あふれる怒りは誰にも迷惑をかけずに発散させなければいけません。そうすればふたたび冷静になり、自分自身をとりもどすことができるのです。

胆汁質も、長いあいだこのような努力をつづければ、怒るべきでない状況では、自分自身をしっかりコントロールできるようになるでしょう。そうすれば、気質に支配されるのでなく、自分自身で気質をコントロールできるのです。

もうおわかりでしょう。自分でやろうと思わなければ、自分の気質のかたよりを治していくことはできません。誰かに頼ろうとしても、まったく意味がないのです。自分一人のためでなく、自分とともに生活する人たちのためであり、何よりも愛する子どもたちのために、おとなは自己教育をすべきです。おとなのかたよった気質のいちばんの被害者は、子どもたちなのです。

とくに胆汁質の場合、すぐにカッとなって他人を傷つけてしまいがちです。対人関係の問題がいちばん起こりやすいのはそのせいです。ですから、まわりがよくそのことを知っておくといいでしょう。

色がおとなに与える効果

シュタイナーの気質の見方は、ゲーテの色彩論の影響を受けています。ここでは、ゲーテの色彩論に注目して、それぞれの色がもつ効果と、気質との関係を見ていきましょう。詩人のゲーテは、自然科学者としてもさまざまな業績を残しました。彼は、対象物をくりかえし観察することによって、それらの本質を見ぬいたのです。

さっそく、色について見ていきましょう。赤はとても活動的な色です。赤を見ると、自分に向かってくるような力を感じます。信号機が赤なのは、赤に先に進もうとする私たちを止める強い効果があるからです。

では、緑はどうでしょうか。緑は、私たちに充足感をもたらします。森を散歩すると、リフレッシュされるような気がするのは、緑が安心感や満足感を与えてくれるからです。緑が私たちに安全な印象を与える効果があるからこそ、信号機が緑に変わったとき、安心して進むことができるのでしょう。

黄色を見ると、いきいきしたほがらかな気分になります。あたたかく快適な色なので、日常的に身のまわりにある、カーテンや壁紙、洋服などに使うと効果的でしょう。

青い空を見ると、心がどこまでも広がっていくような気がしませんか。ゲーテは、「青は遠ざかっていく感覚を人間に与える」と表現しています。また「青くすきとおったガラスを見ると、人間は悲しい気持ちになる」とも言っています。青は、見る者が吸いこまれそうになる広がりを感じさせると同時に、悲しい気持ちにさせる色なのです。また、寒い感じを与えると同時に、落ち着きをもたらす色でもあります。

それでは、おとなの気質と色の関係を見ていきましょう。ゲーテは、行動力がある反面、ぶっきらぼうなところもある胆汁質の人は、赤っぽい色や暖色系の色あいの衣服をこのんで着ると言っています。ところが、子どもの気質と色の効果についてふれたところでも説明したように、胆汁質のおとなを真っ赤な部屋に入れると、さらに攻撃的になってしまう効果があるのです。

家族の中に、すぐにカッとなる胆汁質の人がいる場合、居間の壁紙はペパーミントグリーンのようなやわらかい緑色にすると、安らぎと満足感が感じられて望ましいでしょう。気持ちがやすらぐ緑に囲まれていると、いきなり怒りだす回数も少なくなるかもしれません。

逆に、のんびりしすぎて何にも興味を示さない粘液質がいる場合、部屋を赤くすると、活発になる効果が期待できます。炎のようなエネルギーをもった色に四方から迫られることによって、動かずにはいられなくなるのです。

まったく落ち着きのない多血質がいる場合、何らかのかたちで青い色を身のまわりにもってくると、少しは落ち着くかもしれません。この場合、もっとも効果的なのは、黄色の補色の紫色でしょう。紫は精神を集中させ、深い思考をうながす色として、瞑想する人々にひじょうに好まれています。

精神を沈静化させる青の要素と活発にさせる赤の要素が混じりあった紫には、自分の深い内面を活発にさせる効果があるからです。あなたのパートナーが、落ち着きがなく注意散漫でお困りでしたら、今日から壁紙を紫に替えてみてはいかがでしょうか。

憂鬱質の要素が強い人を、青くすきとおったガラスばりの部屋に入れたりしてはいけません。そんなことをしたら、憂鬱質的な傾向がもっと強くなってしまいます。この場合は、居間の壁紙やカーテンを黄色にすることをおすすめします。もちろん、青の補色のオレンジ色だったらもっと効果的でしょう。ただ明るくなるだけでなく、実際に行動に移す力が、オレンジ色にはあるからです。憂鬱質は、考えすぎてなかなか行動に移せない傾向があるため、暖色系をおすすめします。

自分の気質の問題に向きあう

シュタイナーは、気質についての講演の最後に、次のように話しました。

「子どものころに気質を調和させるとりくみをした人は、おとなになってからも自分自身をしっかりもって、豊かな人生を歩むことができます。

しかし、おとなになった人間には、自分を教育してくれる人は誰もいません。自分の力で、自分の気質の問題に向きあわなければなりません。

本来、人間の気質は、人生を楽しく豊かなものにしてくれます。調和のとれた気質は、人間関係を実り豊かなものにします。もしも、すべての人間が同じ気質だったら、世界はおそろしく退屈なものになってしまうでしょう。さまざまな気質がいっしょに生きてゆけるからこそ、豊かな人間社会になっていくのです」。

第9章　四つの気質と人間のなぞ

人間は四つの要素からできている

ここまで、シュタイナーの言葉をもとに気質を学んできました。しかし、気質を本当に理解するには、アントロポゾフィー（ギリシャ語で「人間の叡智」という意味）にもとづく人間の見方にとりくむ必要があります。

シュタイナーは、すでに一九〇一年から、自然科学の考え方をもとに、自分の霊的体験を研究し、公表してきました。霊的な事象を学問する霊学者、精神科学者としての彼は、人間の中には目に見えない霊的な力があり、その力はつねに、自然界や宇宙の霊的な力とかかわりあっていることを明らかにしました。

彼の霊学者、霊的探求者としての研究の成果は、現代の医学、農業、建築、芸術、とりわけ教育の中で生かされています。

気質にふたたびとりくむ前に、人間の四つの要素について見ていきましょう。シュタイナーは、人間の体が四つの要素からできていることを明らかにしました。気質を理解するうえで、この四つの要素にとりくむことがいちばん重要です。

物理的な法則にしたがう「物質体」

人間の四つの要素を知る前に、私たちをとりまく自然界を見ていきましょう。私たちのまわりには、石や岩からなる鉱物の世界があります。木々や花々からなる植物の世界もあります。また、ネコ、イヌ、ウマ、ヒツジ、ゾウやライオンといった動物の世界もあります。では、私たち人間と、この三つの世界は、どんな関係にあるのでしょうか。

私たち人間の体の中には、さまざまなミネラルの成分があります。たとえば、鉄分やカルシウムなどもミネラルの一つです。ミネラルは、自然界に存在する鉱物に含まれています。鉱物は、物理的な法則にしたがっています。同じように、私たちの体の中にあるミネラルの成分も、物理的な法則にしたがっているのです。この私たちの中にあるミネラルを含む部分を、シュタイナーは「物質体」と呼んでいます。

たとえば、骨にはカルシウムが含まれるため、骨は物質体の要素をもっているといえます。骨以外にも、鉄分は、私たちの体の中の赤血球や、肝臓、脾臓、骨髄に欠かせない要素です。私たち人間の体に含まれるさまざまなミネラルを学ぶと、その種類の多さにきっと驚かれるでしょう。

物質体は、人間が死んだら自分のかたちを保つことができなくなり、数分後には解体への道を歩みはじめます。屍《しかばね》は朽ちはて、いずれは四元素の中の「地の要素」に戻ります。このことからも、物質体は地の要素をもっているといえます。人間が生きているあいだは、この物質体が朽ちないよう、つねに別の力が働いているのです。

生命の力としての「生命体」

次は、植物界と人間のつながりを考えてみましょう。まず植物の特徴から見ていきます。植物には、鉱物やミネラルにはない、ある重要な能力があります。それは「生長する」ことです。植物は、花を咲かせ、実をつけ、種をつくり、次の芽ぶきの準備をする「繁殖」の能力をもっています。芝を刈ってもすぐに伸びてくる様子を見ると、植物が「再生」の要素をもっていることがよくわかります。

では植物は、四元素のうち、どの要素といちばん深いつながりがあるのでしょう。大地や空気、光も大事ですが、植物はまず水を必要とします。水がなければ、枯死してしまいます。植物以外に、私たち人間や動物も、水がなければ生きられません。生命あるものには、水が必要なのです。

いっぽう、鉱物は水がなくてもひからびることはありませんし、水を与えても植物のように繁殖するわけでもありません。植物や動物、人間のように、育つこともありません。なぜでしょう。それは、鉱物には生命力がないからです。生命力をもっている植物や動物、人間は、水を必要とします。

この生命力がなくなると、命あるものは死んでしまいます。生命力が体の中に流れているからこそ、命あるものは生きているあいだは朽ちることなく、生命を維持することができるのです。シュタイナーはこの生命力を、一つの体として見ていました。それが体の中にある生命の力としての「生命体」です。彼は、この生命力を「エーテル体」と呼ぶこともあります。

この生命体は、人間や動植物に成長する力を与えます。しかも生命体は、成長だけでなく、形成力ももたらします。「育つ」ということは、生まれながらの姿が拡大するのではなく、新しい姿、かたちを得ていくことです。

植物を例にあげると、タンポポの生命体が、タンポポのかたちをつくりあげているのです。タンポポの種からスミレが咲くことはないように、それぞれの植物はそれぞれの生命体をもっています。だからこそ、さまざまなかたちが生まれるのです。

人間の場合、この生命力は、体を流れる液体と関係しています。汗をかいて新陳代謝を活発にし、元気でいきいきとした体を保つために、つねに働いています。また、病気になった私たちの体をふたたび回復させるのが、この生命体です。

シュタイナーは、生命体は、私たちがケガをしたときにかさぶたをつくって出血を止めたり、割れたつめをつないだり、傷口をもとどおりにする、体の「大工」の働きをすると言っています。

感情をつかさどる「感情体」

次に、動物の世界を見てみましょう。植物になくて動物にあるものは何でしょうか。動物は、空腹になれば獲物を探しにいきます。飢えたライオンは、レイヨウを捕らえようと襲いかかります。ところが、植物はそういうことはしません。獲物を探して動きまわることができないからです。太陽のほうに傾いたりすることによって、より多くの光を浴びようとはしますが、これは獲物を探して動きまわることとはまったくちがいます。

しかも、動物は植物とちがって、見る、聞く、さわる、かぐ、味わうといった感覚器官をもっています。敵にでくわしたら牙をむいてにらんだり、不審な音を聞いたらおびえたり、人間にでられたら気持ちよさそうにしたりというように、動物は感じることによって、自分の「感情」を表現します。

においや味に、とても敏感な動物もいます。犬は嗅覚がとてもすぐれており、何でもにおいをとおして知覚できるからこそ、いつもにおいをかいでいるのです。いっぽう、猫は視覚がすぐれているので、見ることをとおしていろいろなものを察知することができます。

また、動物は植物とちがって、喜びや痛み、快不快を表わすことができます。尻尾を踏まれた猫は、悲鳴をあげて痛がります。植物は悲鳴をあげません。おいしい肉を目の前に置けば、犬は大喜びします。動物は、感覚や感情をもっているのです。

このように、体からわきおこる感覚や感情のことを、シュタイナーは「感情体」あるいは「アストラル体」と呼んでいます。感情体は、空腹になると何か食べたいと思ったり、喜びや悲しみなどを感じたりすることができます。

この感情体は、呼吸と深く関係しています。びっくりすると呼吸がとまりそうになり、悲しいときにはため息がでます。恐怖におびえているとき、呼吸はこきざみに速くなります。感情と呼吸は、深い関係があるのです。そして、呼吸はもちろん空気と関係しています。つまり感情体は、四元素の中の「空気の要素」と関係があるのです。

自分を意識する力である「自我」

それでは、鉱物、植物、動物にはなくて、人間だけにあるものは何でしょう。それは三つあります。一つ目は「直立歩行できる」こと。二つ目は「言葉を話せる」こと。三つ目は「考える」ことです。

驚くべきことに、子どもはこの三つを、〇歳から三歳までのわずか三年間で習得します。ただし、そのためには人間という見本が彼らのまわりにいなければなりません。オオカミに育てられた子どもの話をごぞんじでしょうか。発見されたとき、彼らは四本足ではいまわり、言葉も話せませんでした。何とかして立たせようとしましたが、立ちはしても歩くことはできません。言葉もきちんと話せなければ、それをもとにして考えることもできなかったのです。

この結果は、オオカミだけでなく、そのほかの動物によって育てられた子どもたちにも共通しています。

ドイツの子どもたちは、二、三歳までは自分のことを名前で呼びますが、三歳くらいになると、ある朝、突然、自分のことを「Ich」（イッヒ＝私）と呼ぶようになります。このような「自分」という意識は、動物にはありません。オオカミに育てられた子どもたちは、この自己意識をもつことができず、どの子どもも九歳までぐらいしか生きられませんでした。

つまり、「自分」という意識がもてるためには、「直立歩行する」「言葉を話す」「考える」ことが必要なのです。動物が自己意識をもてないのは、これらのことができないからです。

私という意識は、人間のもつ能力です。だれもが自分のことを「私」と言います。第三者のことを「私」とは言いません。それぞれの「私」はまったくちがう個性をもち、同じ「私」は一人もいません。世界にたった一人です。この「私」という力を「自我」と名づけましょう。

「自我」の力は、生まれたばかりの人間にも作用しています。生後一年くらいの間に、はうことをはじめ、立ちあがり、一歩ずつ歩こうとしはじめます。歩けたときの子どもの目にきらきら光る喜びこそ、「自我」の力が、その子どもに働いていることを示しているのです。この自我の力が赤ちゃんに作用するからこそ、「立つ」「歩く」という行為ができるようになるのです。

では、私たちの「自我」の力は、四元素の何とつながっているのでしょうか。どんなに寒くても、自分自身がやる気を出して燃えていたら、体が熱くなるときがあるはずです。それは「自我」が、四元素のなかの「火の要素」と関係があるからです。自我の力が働くとき、人間の体はかならず熱くなります。何かに燃えるように自我が働いているときの感情を、炎や火にたとえることがあります。このように、人間の「自我」は、火の要素と深い関係があるのです。

これがシュタイナーのアントロポゾフィーの基礎になる、人間の四つの要素です。人間は、誰でもこの四つの要素をもっているのです。そして、この四つの要素は、四元素と深くかかわっています。

すべての人間の中に、もう一人の自分がいる

人間は、自我があるからこそ、自己教育ができるのです。たとえば、人間は「あまり感情的にならないようにしよう」とみずから気持ちをあらためることはできますが、犬は「あまりほえるのはよくないな」と、自分の行ないを改善しようとはしません。ほえる相手を見つけるなり、ただ反射的にほえるだけです。植物も「赤くなりすぎないよう、注意して咲こう」などとは思いません。鉱物は、例をあげるまでもないでしょう。

このように、自分自身の力で成長し発展していく「自我」の力があるからこそ、私たち人間は自己教育ができるのです。

「私は、自分自身を教育しなければいけない」と言います。しかし、ふつうは二人いないと教育はできません。育てる人と育てられる人が必要です。ところがこの場合は、両方とも自分のことを言っています。つまり、「私」は「自分自身」よりもすぐれた人間だということです。そうで

なければ、教育することなどできません。

シュタイナーは、「どの人間の中にも、もう一人の自分がいる。この人間こそが本来の自分なのだ」と言っています。自分の中にある本来の自分が、自分の人生の本当の課題を知り、人生の中で大きな問題に出会ったとき、かならず自分の心の中の声として、正しい方向を教えてくれる、という意味です。

たとえば、夫婦げんかをして、感情的になり「いますぐ離婚しよう！」とスーツケースに荷物をつめはじめても、いったん感情がおさまると、自分の悪かったところや、相手の苦しみが見えてきます。そして、もう一度いっしょにやり直そうと思うときがあるでしょう。一人の自分は、スーツケースをもって出ていこうとしますが、もう一人の自分は、本当に大切なのは何かを考える能力をもっています。自分の中にいるこのすぐれた本当の自分に、私たちは注目しなければいけません。なぜならば、その自分こそが、私たちをいつも前進させようとしているからです。

この本当の「自分」、本当の「私」のことを、アントロポゾフィーでは「この地上で、長い年月をかけて何度も生まれ変わる存在」と表現しています。アントロポゾフィーでは、人間はこの地上で何度も生まれ変わると考えられているのです。人間の人生は一回きりではなく、一つの人生で体験した内容を、次の人生にもっていくと考えるのです。

そして、一つの人生において果たせなかった課題を、次の人生で果たそうとするのです。次の人生で自分が何をすべきか知っているのが、本当の私としての「自我」なのです。自我は、永遠に生きつづけます。ぼうだいな年月のあいだ、地上界と天上界のあいだで生と死をくりかえしながら、私たちの自我はつねに成長していきます。地上で人生を送るたびに、自分を成長させる課題をみずからに与えているのです。

けんかをして感情的になって、スーツケースをもっている「自分自身」は、教育される必要があるのです。ここでは、その自分のことを「小さな自我」と呼びましょう。この教育が必要な「小さな自我」こそ、私たちの気質と深い関係があるのです。

人間の四つの要素と四元素

人間の四つの要素と気質との関係を理解するために、自然界の鉱物、植物、動物と比較しました。今度は四元素の地、水、火、風と比較してみましょう。左の表をご覧下さい。

人間の四つの要素	四元素	気質
自我	火（熱）	胆汁質
感情体	風（空気）	多血質
生命体	水	粘液質
物質体	地	憂鬱質

四元素と気質の関係についてはすでにくわしくとりあげたので、人間の四つの要素のそれぞれに対応する気質は、すぐに見当がつくでしょう。では、なぜそうなのか、考えていきましょう。

まず、憂鬱質からはじめます。考えてばかりでなかなか行動に移せない、体が動きにくい傾向をもっています。憂鬱質の人の胆汁は、黒く、動かない傾向があります。メラン（黒い）コリー（胆汁）は、黒々として固まった胆汁です。考えれば考えるほど、石のように動かなくなってしまうところは、「地の要素」に共通するでしょう。自分のなかの洞窟にこもって、ひっそりいつまでも考え、なかなか外に出られず、動かなくなってしまうタイプです。

物質体は、人間の四つの要素の中でいちばん重い物質です。物質体の要素の中には、骨があります。骨にはミネラル分が多く含まれ、人体の中でも重い部分の一つです。考えてばかりいる人は、いつも動作が重く、実際はやせているのに重い体でも引きずるかのように、うつむきかげんで歩きます。憂鬱質の人は、人間の四つの要素のうち、ミネラルを含む物質体の影響を強く受けているのです。

粘液質の人は、「水の要素」をもっています。おだやかな水面は、私たちにやすらぎを与えてくれます。液体としての水の要素は、私たちの体の中のリンパ液と共通しています。リンパ液は体の中をくまなく流れ、私たちの体に栄養や酸素を供給し、老廃物を運びさるための働きを活発にしてくれます。

多血質の人がほがらかで、いろいろなものに興味をもって夢中になるのは、豊かな感受性の表われです。軽やかな春風のように楽しい雰囲気をもたらしてくれる多血質は、「風（空気）の要素」とよく似ています。その場の雰囲気をすぐに読みとり、楽しい雰囲気をつくるのがうまい多血質と、人間の四つの要素の中の感情体は、深いかかわりがあると思いませんか。

怒ると火山のように大爆発する胆汁質は、「火の要素」をもっています。激怒している胆汁質は、ぐらぐら煮えたぎる湯のようです。一方、自分の決めたことを最後まできちんとやりとげる姿は、いつまでも燃えつづけるかがり火のようです。この燃えつづけるかがり火があるからこそ、胆汁質の人はどんな困難をものりこえていくことができるのです。

胆汁質の怒りの爆発は、自分の中のエゴイスティックな部分が爆発しているにすぎません。本来の自我である永遠のかがり火とは違います。なぜなら怒りの爆発は、自分の本当の目標にたどりつく前に、すべてのものを破壊してしまうからです。

気質は遺伝するか

どの人間も、四つの要素をもっています。だからこそ、どの人間も四つの気質をもっているのです。では、一人ひとりの気質を見ると、なぜ四つのうちの一つか二つの気質がとくにめだつのでしょうか。遺伝でしょうか。それとも教育の影響でしょうか。

もしも気質が遺伝であれば、子どもは両親の気質をうけつぐでしょう。ところが、実際には逆のことも起きるのです。たくさんの子どもたちが、両親とはまったくちがう気質をもっているのです。また、同じ親のもとで教育を受けたからといって、同じ気質になるとはかぎりません。お兄さんはおとなしいのに、弟はわんぱくという兄弟の例を聞いたことはありませんか。気質は、遺伝や教育だけに左右されるものではないからです。

シュタイナーのアントロポゾフィーは、このなぞを解きました。すでにふれたように、アントロポゾフィーは、私たち人間は何度もこの世に生まれ変わると考えます。人間は生まれ変わるたびに、ちがう体や容姿をもって生まれてきますが、ある一つのものだけは、永遠に変わりません。それは、その人間本来の「個性」です。

この永遠につづく個性のことを、アントロポゾフィーでは「自我」と言います。この自我は、つねに自分の人生の課題を知っています。しかも自我は、生まれる前、天上界にいるあいだに、自分の課題にとりくむことができる地上の場所や環境を選びます。

つまり、私たちの自我は、誕生する前に、自分の親を選んでいるのです。そして、自分の課題にとりくむのにふさわしい心としての感情体を身につけて、この地上におりてくるのです。アントロポゾフィーでは、「こんな親のもとに生まれなければよかった」「生まれたくて生まれたわけじゃない」「親が勝手に自分を生んだ」という考えはありえません。

親から何をうけつぐのか

では、自分が選んだ親から、私たちは何をうけつぐのでしょうか。それは物質体である生身の体と、生命体である生命力です。親の性格はほとんどうけつぎません。私たちの永遠の個性である自我は、親に依存しない独立した存在だからです。

さて、霊的世界からやってくる自我が、地上の親からうけついだ生身の体としての物質体とつながるとき、いったいどんなことが起きるのでしょうか。試着室で、自分の選んだ洋服がぴったり体にあうときのように、自我と物質体がすぐに一致することはありません。

なぜならこの瞬間、二つの流れがぶつかって激流が生まれるように、自分本来のものと、親に由来するものが、はげしく混じりあっているからです。

思い出してください。「TEMPERAMENT（テンパラメント＝気質）の意味は「混じる」「混合する」でした。どこからこの言葉が生まれたか、もうおわかりでしょう。人間が生まれるということは、霊的世界からおりてくる力と、地上界での力が混じりあうということなのです。人間は、いっぽうでは霊的な存在であり、もういっぽうでは、ミネラルを含む骨などの地上の素材をもった物質的存在であるといえます。

この二つの力を、色にたとえてみましょう。画家がキャンバスの上から下に向かって、一つの色を塗っていくとします。つぎに、キャンバスの下から上に向かって、別の色を塗っていきます。ちょうど真ん中でその二つの色がかさなったとき、新しい三つ目の色が生まれます。これが「気質」なのです。この色には、まったく同じ色はないでしょう。たとえ同じ種類の気質をもっていたとしても、それが混じりあってまったく同じ気質になる人は、この世に二人といないからです。永遠の個性が、親からうけついだ力と混じりあうとき、「気質」が生まれます。気質は、この人生における自分の課題を知っている永遠の個性である自我と、先祖代々伝えられてきた親からの遺伝である物質体のあいだに存在するものなのです。

気質から、本当の個性を見ぬく

一人ひとりの人間がもっている気質には、深い意味があるのです。自分の人生の課題にとりくむため、その気質を授けられているととらえることもできるからです。

だれかの気質をやりだまにあげて、「あんな気質だからあいつはだめなんだ」と、その人を中傷するのはまちがっています。その人の人間性を見ることなく、気質という先入観で、その人の性格をきめつけているにすぎません。ある意味では、その人の本当の個性を発揮させる自由を奪うような行為です。

なぜなら、気質はその人のすべてではないからです。その人の気質を知ったからといって、その人の本当の個性まで理解したとは決して言えません。本当の個性がその人自身とすると、気質はその人がまとっている「衣服」にすぎません。

しかし、衣服から、その人の本当の個性を知る手がかりが得られるかもしれません。相手の本当の個性を理解しようとする気持ちや、相手を本当にわかろうとする気持ちは、ひじょうに強い感情です。この感情こそ、「愛情」「愛の力」なのです。

人間のなぞを解く

最後に、シュタイナーの言葉を紹介して、この本を終わりにしようと思います。シュタイナーが行なった気質についての講演の中で、彼は人間のなぞに迫る、次のような言葉を語っています。「私たちがある人と出会うとき、私たちはその人の永遠の個性としての『自我』とも出会っています。私たちが一人の子どもと出会うとき、その子どもにじゅうぶんな配慮と愛情をそそげば、その子どもにしかない性格や本来の個性に、少しずつ気づけるようになるでしょう。

そのためには、私がお話しする精神科学を、たんなる理論として聞くだけでなく、実際に生活の中で生かしていただく必要があるのです。実生活のなかで、人間のなぞを解くための努力をつづけることが重要なのです。

アントロポゾフィーをとおして、みなさんは人間を愛することを学びます。ある人間を、自分の頭の中だけで理論的にきめつけてはいけません。『精神科学』の考え方にもとづいて、その人間を自分の中で深く感じるように心がけましょう。その人間のもつ、本来の力を感じるのです。そうして、その人間に対する深い愛情をはぐくんでいきましょう。

人間に対する深い愛情をはぐくみ、どの人間の中にも生きているその人のもつ本来の力を探すこと、これがアントロポゾフィーなのです。

私たちが精神科学の考え方を深めていけば、私たちの人間関係は、もっとよくなっていくでしょう。一人ひとりが本当の人間理解にはげみ、おたがいがおたがいの本当の価値を見つけだし、尊敬しあうことができたら、たとえどんな問題が起きようと、私たちはそれをのりこえていくことができるでしょう。

それぞれの人間が相手を理解しようとすれば、相手のささいな行動にいちいち腹を立てることはなくなり、おたがいに本当に深く理解できるようになるでしょう。なぜなら、その時点で私たちはすでに自分の問題ととりくみ、自分自身を変えているからです。

そうすれば、私たちは他人に対してどのようにふるまうべきか、という自分自身の問題を解決することができるでしょう。このような精神的なとりくみをとおしてのみ、ほかの人間の本質を理解することができるのです。

精神科学は、生活とつながっていなければなりません。たんなる理論として広まっても意味はないのです。まず、行動しましょう。アントロポゾフィーは、人生の、日々の生活の中で実践できる精神的内容であるべきなのです」。

終わりに

この本をご覧になったみなさんが、気質を理解し、生活の中で役立ててくださることが、私のいちばんの願いです。

ここまでの道のりをふりかえってみましょう。まず、四つの気質のちがいを、日常生活のなにげない場面での子どもやおとなの反応から、イメージ豊かに想像しました。次に、気質をより深く理解するための考え方を学び、子どもの教育に気質の考え方をどうとりいれればいいか、具体的な例をもとにとりくみました。最後に、気質についての考え方のもととなった、シュタイナーのアントロポゾフィーと精神科学について学びました。

私は、四十年以上にわたって、シュタイナーの気質についての研究を学んでいます。なぜなら、気質論はシュタイナー教育の根幹をなしているからです。

気質の講演会やセミナーをすると、参加者からよく「なぜ気質は四つしかないのですか」と質問されます。この本を読まれた方のなかにも、同じ疑問をいだかれた方がいるかもしれません。

少し説明しましょう。

じつは、十字に交差する四つの気質の図の中央には、五つ目の気質を書くこともできるのです。この五つ目の気質を、「自分を変えることができる力」と呼びましょう。この力は、私たちがやる気になれば、日々の生活の中で少しずつはぐくむことができます。私たちがそれぞれの気質になりきる練習をつづけることによって、他人のことがもっとよくわかるようになるでしょう。

親や先生は、一人ひとりの子どもの中に秘められている個性のなぞを解き明かすため、子どもの前でつねに自分を成長させ、学びつづける人でいたいものです。子どもたちは無意識に、私たちおとながそういった存在であるよう求めているのです。いつも自分が完璧と思ってあぐらをかいているおとなのもとでは、子どもは本当の意味で学ぶことはできません。おとながつねに新しいことに驚き、学び、自分自身に向きあう姿を見せれば、子どもは信じられないほどたくさんのことを学ぶでしょう。

私たちおとなは、子どもに感謝することが大切です。なぜなら、子どもたちが起こす問題こそ、私たちが成長するための大きなきっかけになるからです。

オーケストラを想像してください。指揮者の下で美しいシンフォニーがかなでられます。音楽をかなでる楽器やそれぞれのパートは、気質にたとえることができます。たとえば最初の楽章には、ゆっくりしたパート（粘液質）と速くリズミカルなパート（多血質）が交互に出てきます。次の楽章は悲しい楽章（憂鬱質）、最後の楽章は力に満ちあふれた楽章（胆汁質）としましょう。

指揮者にも注目してください。指揮者は、オーケストラ全体の楽譜を見ています。すべての楽器が調和のとれた響きになるよう意識しています。そして、どこでバイオリンがソロになり、トランペットが静まるかを知り、ちょうどいいときにそれぞれに合図をします。オーケストラの美しい響きは、すべて指揮者の能力にかかっているのです。

私たちは、この指揮者のようにふるまうといいのです。日常生活を送るとき、ふさわしいときにふさわしい気質でふるまうようにするのです。すばやい身のこなしと優しい対応が必要なときは、多血質になりましょう。一人になる時間をとって、じっくり深くものごとを考えなければいけないときは、憂鬱質になるのです。何かを決断して行動しなければいけないときは、胆汁質がいいでしょう。しかし別の場面では、落ち着いてゆったり向きあうことが重要になるでしょう。そんなときは粘液質にならなければいけません。まるで私たち自身が指揮者になったかのように、私たちの中の四つの気質に合図するのです。

この例からもわかるように、自分の中にある四つの気質をふさわしいところで生かすことができれば、いつも怒ってばかりいる、悩んでばかりいるといったように、ある一つの気質にかたよってしまうことがなくなるでしょう。

ある気質が強すぎるからといって、なくそうとするのではなく、それぞれの気質を自分の中でしっかり生かしていくことが大切なのです。

この本は、気質のちがう子どもたち四人のあいさつからはじまりました。最後に、四種類のお別れをして、この本を終わりましょう。

憂鬱質の著者は、読者に真剣にたずねます。

「私の書き方はむずかしすぎませんでしたか。本当にご理解いただけたのでしょうか。がっかりしたり、ショックを受けたりしませんでしたか。期待はずれだったら、私はいったいどうすればいいのでしょう。もしもそのとおりだとしたら、みなさん（涙ぐんで）ごめんなさい……」。

胆汁質の著者は、とても簡単です。

「以上！　読んでくれてありがとう！　練習しろよ！」。

粘液質の著者は、きっとこんな感じでしょう。

「よかった。みなさん、これで終わりです。本当に長い話でしたね。どうぞゆっくり休んでください。ソファに足でものせて、もう一度、最初から読んでみてください。何度でもどうぞ」。

多血質の著者は、なかなか終われません。

「終われないよ。えっ、もう終わったの。さっきはじまったばかりじゃない。みんなは楽しんでくれたのかな。はじめはこんな本になるなんて、少しも思っていなかったのに、新しいアイデアがどんどんわいてきて、書くほうが追いつかなくなって、びっくりしたんだ。

みんな笑ってくれたかな。ここはきっと笑うにちがいない、というところをたくさん書いたつもりなんだけど。ぼくも笑うのが大好き。笑うことは健康にいいんだ。だからみんなも、一つ健康にいいことをしたんだよ。

終わってよかったね。やっと子どもと遊ぶ時間ができたでしょう。子どもさんに、ぼくからくれぐれもよろしくと伝えてください。パートナーにも心からよろしく。いつまでも仲よくしてくださいね。さようなら。またお会いしましょう。今度は本じゃなくて、あなたに直接お会いしたいな。ではまたこの次に！　じゃあね！」。

訳者解説

みなさんは、人間関係で悩んだことがありますか。どうしてもうまくいかない相手はいませんか。本書はそんな悩みを解決するうえで、きっとみなさんのお役に立つはずです。気質は、私たち人間一人ひとりの個性を知る、最大の手がかりです。気質が理解できるようになると、まず自分のことがよくわかるようになり、相手のこともわかるようになります。その結果、人間関係もスムーズになるのです。

本書では、この「気質」という人間の見方について、わかりやすく具体的に述べています。ただし、これだけは注意していただきたいのですが、気質はレッテルではありません。たとえば、「彼は多血質だから、しんぼうが足りない」「彼女は憂鬱質だから、いつもめそめそしてばかりいる」というふうに、単純に相手をきめつけるためのものではないのです。これでは星座や血液型で人間を判断するのと、何ら変わらなくなってしまいます。

モーツァルトの曲を思い浮かべてください。やさしい春風のような美しいメロディは、私たちの心まで軽やかにしてくれます。ところが急にメロディが変わり、つむじ風が吹き、嵐になりそうな気配がただよってきます。しばらくすると雲が晴れ、明るい日ざしとともに春風が吹いてきました。このような変化にとんだ彼の曲は、私たちを魅了してやみません。

では、ベートーベンの曲はどうでしょうか。彼独特の力づよく燃えるようなメロディを思い浮かべてください。燃えさかる炎のようなメロディは、聴いている私たちの気持ちまで熱く燃えたたせます。聴覚を失ってなお作曲をつづけた彼の意志の強さは、めらめら燃えあがる炎のようです。

この二人の偉大な作曲家を例にとって、「モーツァルトは多血質だから」「ベートーベンは胆汁質だから」ときめつけることに意味があるでしょうか。たしかに、モーツァルトには多血質的な要素が、ベートーベンには胆汁質的な要素が、それぞれひじょうに強く見うけられます。

しかし、それだけではありません。モーツァルトとベートーベンという偉大な個性が私たちに語りかけるのは、「気質の背後にこそ、その人間の真実の姿が輝いている」というすばらしい真実なのです。

気質は、それぞれの人間がもつ真の才能が、その人の人生において最大限に生かされるよう働きかけているのです。多血質の力がモーツァルトの中でいきいき働いていたからこそ、彼は春風のように軽やかで愛らしい曲を生みだすことができたのです。

同様に、ベートーベンの中で炎のような胆汁質の力が働いていたからこそ、聴覚を失うという人生の危機に直面したときも、その困難をのりこえられたのではないでしょうか。作曲家として致命的ともいえる状況から、不朽の名曲が生まれたのです。それらの作品を聴くと、私たちの中にも炎の力が呼びさまされるような気さえするでしょう。

身近な例をご紹介しましょう。私の母、鳥山敏子は、春風のような多血質のもちぬしです。私が子どものころ、美しい夕焼けや虹を見ると、母はきまって仕事先から電話してきました。「きれいな夕焼けだから見てごらん」「いま、空に虹がかかってるよ」。外に出てみると、母が言うとおり、きれいな夕焼けや虹が見えました。

当時は携帯電話などありません。移動中などにわざわざ電車から降りたりして、電話をかけていたのでしょう。こういったふるまいは、よほど即興的でないとできないものです。

またあるときは、夕食をつくりかけているのに、いきなり油絵の具をもちだして、熱心に絵を描きはじめたこともありました。写真に夢中になってからは、どんなに急いでいても、美しいものに出会うとかならず立ちどまり、心ゆくまで写真を撮るようになりました。

このように、あらゆる世界に興味をもつ多血質の要素を強くもっていたからこそ、どんなことに対しても精力的に働きかける、今の母がいるように思えてなりません。

一九八八年に、母と二人で、はじめて岩手を旅行しました。当時、ドイツのユーゲントゼミナールに在籍していた私は、研究発表をすることになり、「偉大な人物の生涯」という課題で、宮沢賢治を選んだのです。

そのため、花巻にある宮沢賢治記念館をはじめ、賢治ゆかりの場所をめぐったり、地元の方の話に耳を傾けたりするうちに、母のほうがすっかり賢治に夢中になってしまいました。あのときの感動が、「東京賢治の学校」を生みだす原動力になったのだろうと思います。

この原動力が、「宮沢賢治はすばらしい。ぜひ賢治の学校をつくって、彼の理念をたくさんの子どもたちの教育に生かしていこう」というふうに発展していったのは、母が軽やかな多血質と、積極的にものごとを決めることができる胆汁質を、あわせもっていたからでしょう。多血質の極端な惚れっぽさや、何にでも感激できる能力は、一種の才能です。

母が多血質をもっていたからこそ、日本各地を訪ねることが苦にならず、各地に賢治の学校が生まれるきっかけをつくりだしていけたのです。もし母がまったくちがう気質であったら、こういったすべてのことが、まるでちがった結果になったはずです。

対照的に、私はとても胆汁質的です。ドイツという国は、自分の意見を積極的に主張できる国です。意志が強く、積極的な胆汁質の傾向が強い私にとって、自分の気質をうまく活かせる環境といえます。

また、ドイツ人は攻撃的な会話を好みます。ある日本の男性が、ドイツの片田舎を訪れたときのことです。二人のおばあさんが、道ばたで大げんかしているところに出くわしました。ところが、彼女たちはただ世間話をしているだけだと聞かされ、ひじょうに驚いたそうです。

私は、そういうドイツで生活しているため、母とぶつかることも多々あります。感動するのはかまいませんが、気軽に予定を変更したりする多血質は、愛嬌はあっても計画性がないように思えてなりません。そんな母と私がいったんぶつかると、本当に大変です。母がまだ気質について何も知らなかったころ、まるで噴火でもしたようにはげしく怒る私を見て、大変なショックを受け、自分は娘に優しく接しているのに、どうして娘ははげしく怒るのか悩んだそうです。

母は、エラー先生から気質について学ぶことによって、私の爆発する怒りの謎が解けたようでした。といっても、たんに私が、多すぎるくらいの胆汁質的な気質のもちぬしであることに気づいただけなのですが。

最近では、母も、ずいぶん私とのつきあい方がうまくなりました。意見が対立し、私がカッとなって爆発しそうな気配を察知したら、さっと席を立つか話題を変えて、けんかにならないようにうまくしむけるのです。多血質的な母にとって、すばやく話題を変えるのは、得意中の得意です。

私は私で、移り気な多血質の母の気が散らないように、事前にこまかく計画をたて、多少強引に引っぱっていきます。母が少々道草をして遅れても、いらいらしなくてすむように、あらかじめ時間的な余裕をもたせて予定をたてるようにするのです。おたがいがこのように気をつけることによって、母と私はほとんどけんかをしなくなりました。

このようなとりくみは、どんな相手に対しても応用できるでしょう。さまざまな人間関係において、相手の気質に対して苦手意識を感じるとき、「この気質は、本当のこの人ではない」ということをわかっているかいないかで、誤解やいさかいが起きる度合いはまったくちがうはずです。

本書の著者ヘルムート・エラー氏とのつきあいも、ずいぶん長くなりました。彼も強い多血質をもっています。高齢をものともせず、世界中のシュタイナー学校で講演したり、シュタイナー学校の設立のために働きかけたりしています。「来週は南アメリカ、それからスウェーデンに飛んで、最後はワルシャワに行くよ」というふうに、いつも忙しそうに話してくれます。

来日したときも、彼は何にでも興味を示し、ことあるごとに感動します。食事のときなどは大変です。「なんて美しい色あいなんだろう。料理の種類だって多いし、それぞれが少しずつ小さな器にきれいにもりつけられている。その器の美しいことときたら！」と、いちいち感動するのです。

彼は、「日本人はとてもきちょうめんで、つつましく、憂鬱質的な傾向が強いようだけれど、こと食に関してはとても多血質的に見えます。まるで自分たちに不足している要素を、食で補っているようですね」と、ほがらかに話していました。

このように、気質はそのもちぬしの個性と深く結びついています。本書をとおして、身のまわりの人のことがもっとよく理解できるようになれたら、これほどすばらしいことはありません。気質がもつ深い意味に気づくことによって、それまで苦手だった相手に対しても、愛着がわくようになるかもしれません。私たちは、相手の気質を知ることによって、その人の中に隠されている本当の人間性や、人生の課題に出会うことができるのです。

でも、気質がわかったからといって、相手のすべてがわかったわけではありません。気質を知ることは、相手の「本当の姿」に通じる扉をたたくようなものなのです。あくまでも、相手を本当に理解するためのスタート地点についたにすぎません。ここから、私たち人間どうしがより深く理解しあうきっかけが生まれるのです。

相手を理解しようとする努力を、まず親子や夫婦のあいだからはじめてみましょう。たったそれだけのことから、社会を変える力を生みだすことができます。なぜなら、この努力をとおして、人間を信頼できる力が生まれるからです。人間を理解するということは、人間を信頼することでもあります。ここから、一人ひとりがまわりの他者とつながることのできる力が生まれるのです。

現在、多くの人が携帯電話をもち、いつでも他者とコンタクトできる環境を手に入れながら、自分の部屋に閉じこもったり、コンピュータやメディアの世界に没頭し、現実の世界で本当に他者とかかわりあうことなく生きています。

ところが、内面では、まさにそのために苦しんでいるのです。子どももおとなも、他者と本当の意味でつながりあうことができなくなっています。一見つながっているように見えるだけで、本当は自分が孤独であることを誰もが知っています。このようなむずかしい状況を変えていくためにも、「気質」から学ぶべきことはたくさんあります。未来を生きる子どもたちのために、人と人とが心から信頼しあい、つながりあうことができる社会の実現に向けて、できることからとりくんでいきましょう。

最後に、この本の出版に全力を注いでいただいたトランスビューの林美江さんと中嶋廣さんに心から感謝いたします。林さんは、ドイツと日本との距離を私にまったく感じさせないほどひんぱんに連絡をくれ、熱心にとりくんでくださいました。この場を借りて、厚くお礼を申し上げます。

また、本書はエラー氏の講演なしには実現しませんでした。その講演の実現を可能にした東京賢治の学校自由ヴァルドルフシューレのみなさんにも、心からお礼を申し上げます。

この本が気質をはじめて知る人たちにとって、わかりやすく読みやすい本であることを心から望んでいます。

二〇〇五年七月

鳥山雅代

著者紹介

ヘルムート・エラー（Helmut Eller）

1935年、ハンブルク生まれ。ドルナッハ・シュタイナー教育教員養成ゼミナール卒。ドイツのシュタイナー学校での担任を経て、1988年よりハンブルク・シュタイナー学校教員養成ゼミナールの代表として、シュタイナー教育の普及に力を注ぐ。現在は退職し、世界各国で精力的に講演活動を行なう。専攻は気質学。著書に『人間を育てる―シュタイナー学校の先生の仕事』（トランスビュー）。

訳者紹介

鳥山雅代（とりやま　まさよ）

1968年、東京生まれ。自由の森学園卒業後、ミュンヘンのオイリュトミー学校で学ぶ。1994年から2001年まで、ヴェルンシュタインとニュルンベルクのシュタイナー学校でオイリュトミーを教える。2001年から、ニュルンベルクアントロポゾフィー協会、賢治の学校とともに、ニュルンベルクで日本人を対象としたシュタイナー教育のゼミナールを運営。2007年秋、日本に移り、現在、東京賢治の学校で高等部担任及び専科教師としてオイリュトミーを教える。訳書に、ヘルムート・エラー著『人間を育てる―シュタイナー学校の先生の仕事』（トランスビュー）、マンフレッド・クリューガー著『MEDITATION―芸術としての認識』（東京賢治の学校）。

4つの気質と個性のしくみ
——シュタイナーの人間観——

二〇〇五年一一月五日　初版第一刷発行
二〇二三年一〇月五日　初版第八刷発行

著　者　ヘルムート・エラー
訳　者　鳥山雅代
発行者　工藤秀之
発行所　株式会社トランスビュー
東京都中央区日本橋人形町二-三〇-六
郵便番号一〇三-〇〇一三
電話〇三（三六六四）七三三四
URL http://www.transview.co.jp

印刷・製本　中央精版印刷

編　集　林　美江

ISBN4-901510-35-5　C1037